Public Trams

Tram & Light Rail

West European Trams

2011
(6th edition)

Researched & Updated by:	Martin Hall 5 Sunninghill Close, West Hallam, Ilkeston DE7 6LS
Printed & Distributed by:	HB Publications Ltd 3 Ingham Grove, Hartlepool TS25 2LH

Front Cover: Alstom Citadis Tram 317 is seen at seen at Balard on Paris Tramline T
(Jeff Hall)

Rear Cover: MAN/AEG Tram 3027 is seen outside on the Bremen Hauptbahnhof
(Jeff Hall)

Contents

Austria
Feldbach-Bad Gliechenberg	7
Gmunden	7
Graz	7
Graz - Vorchdorf	7
Innsbruck	9
Klagenfurt	9
Lambach - Haag	10
Lambach - Vorchdorf	10
Linz	10
Linz - Lokalbahn	11
Mariazell Museum	12
Mixnitz - St Erhard	12
Payerbach - Hirschwang Museum	12
Salzburger - Lokalbahn	12
St Florian Museum	13
Tirolers Museums	13
Vocklamarkt - Attersee	13
Wien	14
Wiener Lokalbahn - Baden	21

Belgium
- Antwerp 22
- Brussels 23
- Charleroi 25
- Gent 25
- Han-Sur-Lesse 26
- Ostend 26

Britain
- Birmingham Midland Metro 27
- Blackpool Transport 27
- Croydon Tramlink 28
- Edinburgh 28
- Manchester Metrolink 28
- Nottingham Express Transit 29
- Sheffield South Yorkshire Supertram 29

Denmark
- *Aarhus* 30
- *Odense* 30

Finland
- Helsinki 31

France
- Angers 32
- Bordeaux 32
- Brest 32
- Caen 32
- Dijon 32
- Grenoble 32
- Le Mans 33
- *Lens* 33
- Lille 33
- Lyon 33
- Marseille 34
- Montpellier 34
- Mulhouse 35
- Nantes 35
- Nice 35
- Orleans 35
- Paris 36
- Reims 36
- *Rennes* 36
- *Reunion* 37
- Rouen 37
- St-Etienne 37
- Strasbourg 37
- Toulouse 38
- Tours 38
- Valenciennes 38

Germany
- Augsburg 39
- Bad Schandau 40
- Bergische Museumsbahnen (Wuppertal) 40
- Berlin 41
- Bielefeld 44
- Bochum - Gelsenkirchen 45
- Bonn 46
- Brandenburg 47
- Braunschweig (Brunswick) 47
- Bremen 48

Germany (cont)

- Buckower Klienbahn 50
- Chemintz 50
- Cottbus 51
- Darmstadt 51
- Dessau 52
- Dortmund 52
- Dresden 53
- Dusseldorf 56
- Duisburg 58
- Erfurt 59
- Essen 60
- Frankfurt - Am - Main 61
- Franfurt - An Der - Oder 64
- Frieburg - Im - Breisgau 64
- Gera 65
- Gorlitz 66
- Gotha 66
- Halberstadt 67
- Halle 67
- Hannover 69
- Heidelberg 70
- Jena 71
- Karlsruhe 72
- Kassel 74
- Koln 75
- Krefeld 77
- Leipzig 78
- Ludwigshafen 81
- Magdeburg 82
- Mainz 83
- Mannheim 84
- Mannheim - Heidleberg 84
- Mulheim / Ruhr 85
- Munchen 86
- Naumburg (Saale) 87
- Niedersachsen - Museum Wehmingen 88
- Nordhausen 89
- Nurnberg 90
- Oberhausen 91
- Plauen 91
- Potsdam 91
- RHB Ludwigshafen 92
- Rostock 92
- Saarbrucken 93
- Schleswig - Holstein 94
- Sconeiche - Rudersdorf 94
- Schwerin 95
- Strausbourg 95
- Stuttgart 96
- Ulm 99
- Woltersdorf 99
- Wurzburg 99
- Zwickau 100

Ireland

- Dublin 101

Italy
- Bergamo ... 102
- Caligari ... 102
- Firenze ... 102
- Genoa ... 102
- Mendola ... 102
- Messina ... 102
- Milan ... 102
- Naples ... 105
- Padova ... 106
- Rome ... 106
- Sassari ... 107
- Soprabolzano (Renon Tramway) ... 107
- Taormina ... 107
- Trieste ... 107
- Turin ... 108
- Venizia ... 109

Netherlands
- Alphen ... 110
- Amsterdam ... 110
- The Hague ... 112
- Houten ... 113
- Randstadrail ... 113
- Rotterdam ... 113
- Utrecht ... 115

Norway
- Bergen ... 116
- Grakallbanen ... 116
- Oslo ... 116
- Sporveishistorisk ... 117
- Trondheim ... 117

Portugal
- Lisbon ... 118
- Lisbon MST ... 118
- Porto ... 118
- SIntra ... 119

Spain
- Alicante ... 120
- Barcelona ... 120
- Bilbao ... 120
- *Cadiz* ... 121
- Corunna ... 121
- *Jaen* ... 121
- *Jerez De La Frontera* ... 121
- *Leon* ... 121
- Madrid ... 121
- Malaga ... 122
- *Mallorca* ... 122
- *Murcia* ... 122
- Parla ... 122
- Santa Cruz de Tenerife ... 123
- Sevilla ... 123
- Soller ... 123
- Tenerife ... 123
- Valencia ... 123
- Vitoria-Gasteiz ... 124
- *Zaragosa* ... 124

Sweden
    Goteborg 125
    Norrkoping 126
    Stockholm 126
Switzerland
    Basel 128
    Bern 130
    Bex 131
    Geneva 131
    Lausanne 132
    Neuchatel 132
    Zurich 132
    Zurich (Forchbahn) 135
Funicular Railways 136

Entries in Italics indicate no fleet information available

Introduction

Welcome to the 2011 edition of the Trams of Western Europe.
I believe that trams are an essential part of a city's transport system. It produces little pollution and is a great way of transporting many people quickly around a city. On the continent the tram systems did not suffer the fate of decline as it did in Britain so most large towns and cities have a good tram system and investment in new rolling stock is on going.
As information is changing all the time, and although I try to make sure the information is correct mistakes may occur so if you have any new info please let me know at the address below.
Thanks go to Barry Jones and Jeff Hall.

Martin Hall
5, Sunninghill Close,
West Hallam,
Ilkeston,
Derbyshire
DE7 6LS

October 2010

trams@hbpub.co.uk

General Abbreviations

(s)	Stored		M	Motor Tram
(sp)	Stored for spares		(w)	Withdrawn from service
A	Articulated Tram		(m)	Museum Tram
B	Trailer Car			

Austria

Feldbach - Bad Gliechenberg — 1435mm — 21.2km

M4d		1930		Graz	
ET1	ET2				

L4d		1930		Graz	
E41					

Gmunden — 1894 — 1000mm — 2.5km

M2		1912		Graz	
5					

M4		1962		Lohner	
8					

M4		1952		Dueweg	
9	10				

B2		1898		Graz	
100					

Gmunden - Vorchdorf [GV] — 1000mm — 14.7km

Owned by Stern & Hafferl [StH]

M2d		1921		Graz	
ET23103					

M4d		1954		ACMV [StH]*/SWS [StH]	
ET23105	ET23106	ET23111*	ET23112*		

B4d/B2d*		1899 - 1942		SIG/VSB [SGA]*	
B4i20221*	B4i20224	B4i20225	B4i20227		

Graz — 1878 — 1435mm — 40.5km

AM6		2009 -		Stadler Variotram	
201	209	217	225	232	239
202	210	218	226	233	240
203	211	219	227	234	241
204	212	220	228	235	242
205	213	221	229	236	243
206	214	222	230	237	244
207	215	223	231	238	245
208	216	224			

AM6		1963 - 1966		Lohner / SGP	
263	267	268	271	278	279
265					

E1 JM6s		1966 - 1976		SGP (Ex - Wein)	

Trams are being renumbered from the Wien trams but no info available yet

| 291 | 292 | 293 | 294 | 295 | |

Graz (cont)

AM8 — 1978 — SGP

501	503	505	507	509	510
502	504	506	508		

AM8 — 1973 — Duewag

521	526	529	532	534	536
524	527	530	533	535	537
525	528	531			

AM8 — 1963 - 1966 — Lohner / SGP

581	582	583	584		

AM8 — 1986 - 1987 — SGP

601	603	605	607	609	611
602	604	606	608	610	612

AM6 — 2001 — Bombardier

651	654	657	660	663	666
652	655	658	661	664	667
653	656	659	662	665	668

AM10 — 1986–1993 — Duewag

Graz is hiring 3 Duisburg trams as they are tendering for 45 new trams

1001	1002	1003	

E1 JM6s — 1966 - 1976 — SGP (Ex - Wein)

Trams are being renumbered 291 onwards

4650	4653	4654	4677	4706

AM Variobahn — 2009 - 2015 — Stadler

14 five - section low - floor trams have been ordered with the option for 30 more

Works Cars

M2 — 1961 - 1962 — SGP

251	252			

JM6 — 1963 (98) — Lohner

262				

Innsbruck — 1891 — 1000mm — 36km

AM6 — 1957 - 1963 — Duewag
34 | 37 | 39

AM8 — 1963 — Duewag
53

AM6 — 1966 - 1967 — Lohner
70 | 73 | 75

AM8 — 1960 - 1961 — Duewag
83 (m) | 87

AM6 — 2007 - 2008 — Bombardier Flexity
301	305	309	312	315	318
302	306	310	313	316	319
303	307	311	314	317	320
304	308				

AM6 — 2007 - 2008 — Bombardier Flexity
351	353	355	356	357	358
352	354				

Hungerburgbahn Cable - Hauled Funicular Railway
No 1 (Yellow) | No 2 (Blue)

Museum, Special and Works Cars

M4 — 1909 — Graz
2 | 3

M2 — 1909 — SWS
21

B2 — 1907 — Graz
102 | 103 | 106 | 112

M2 — 1906 (25) — Simmering
200

Klagenfurt (Museum) — 1000mm — 0.7km

Note: A 35km heritage tramway is expected to open in the summer 2011

2	M2d	23	M2d	33	B2d	117	B2d
5	M4d	23	B2d	53	B2d	119	B2d
6	M4d	23.101	M2d	60	B2d	121	B2d
7	M4d	23.303	B2d	62	M2d	123	B2d
8	M4d	25	L2d	65	M4s	129	B2d
10	M2d	26.101	M2d	72	M2d	135	B2d
12	B2d	26.107	M4d	101	B2d	139	B2d
13	B2d	26.205	B2d	109	B2d	144	B2d
18	M2d	27	M2d	111	B2d	146	B2d
18	M2d	28	M2d	112	B2d	148	B2d
20	M2d	31	M2d	116	B2d	160	B2d
21	B2d						

Lambach - Haag [LH] 1435mm 26.3km

Owned by Stern & Hafferl [StH]

L4d		1916*/ 1956# / 1982	Ganz*/SGP#/Mak		
E20007#	V20011	E22004*			

M2d		1931 - 1932	Ganz		
ET24.001(s)	ET24.101	ET25.102			

M4d		1950*/1989	Elze*/Bomb - Rotax		
ET24.104*	ET25.103(s)	ET25.104			

B2d		1905	Graz		
Bip24204					

M2d		1950 - 1952	StH		
EGL25.051(s)	EGL25.052				

Lambach - Vorchdorf [LV] 1435mm 15.5km

Owned by Stern & Hafferl [StH]

M4d		1953	Westwaggon		
ET20111					

M2d		1912/1931*	Graz		
ET20113	ET24102*	ET24103			

L4d		1910	Kr Maffei		
E24010					

Linz 1880 900mm 18.9km

Urban System

AM6		2001 - 2003	Bombardier		
001	005	009	013	016	019
002	006	010	014	017	020
003	007	011	015	018	021
004	008	012			

AM6		2008 - 2009	Bombardier 'Flexity'		
022	024	026	028	030	032
023	025	027	029	031	033

AM10		1984 - 1986	Rotax		
41	44	47	50	53	55
42	45	48	51	54	56
43	46	49	52		

AM6		2013 -	Bombardier 'Flexity Uotlook'		

Note: 23 vehicles have been ordered

Linz (cont)

Postlingbergbahn

I	M2d	1898 Graz	XII	M2d	1950 ESG
II	M2d	1898 Graz	XIV	M2d	1954 ESG
III	M2d	1898 Graz	XV	M2d	1955 ESG
VI	M2d	1898 Graz	XVI	M2d	1956 ESG
VIII	M2d	1899 Graz	XVII	M2d	1957 ESG
X	M2d	1912 Graz	XVIII	M2d	1958 ESG
XI	M2d	1948 ESG			

New Postlingbergbahn trams running from Hauptplatz

501	502	503			

Museum Cars

6	M2d	1950 Simmering	45	M2d	1920 Graz
12	M2d	1951 Simmering	109	B2d	1950 Simmering
23	M2d	1902 Graz	111	B2d	1950 Simmering
25	M2d	1957 Graz u Stift	140	B2d	1954 Graf u Stift
32	Horse	1880 Graz	141	B2d	1954 Graf u Stift

Works Car

A	M2d	1954 Graf u Stift

Linz - Lokalbahn [LILO]   1435mm   58.9km

L2d*/L4d   1912 - 1915   Ganz/Maffei

E22001	E22002*	E22005	E22006#		

M2d   1907 - 1908   MAN

ET22101	ET22109				

M4d   1951   SGP

ET22106	ET22107	ET22108			

M4d*/M44d   1953 - 1954   Westwaggon

ET22130	ET22132	ET22134	ET22136	ET22141	ET22143
ET22131	ET22133	ET22135	ET22137	ET22142	

ZM6fd   2000   Stadler

ET22151	ET22153	ET22155	ET22156	ET22157	ET22158
ET22152	ET22154				

GTW2/6   2005 - 2006   Stadler

ET22159	ET22160	ET22161	ET22162	ET22163	ET22164

B4d   1950   SGP

B4ip22.209	BD22.254				

M44d   1953 - 1954   Westwaggon

ET22230	ET22232	ET22233	ET22234	ET22235	ET22236
ET22231					

Mariazell Museum [MT]   1435mm   2.5km

2	L2d	224	M4d	4123	M2d	BC 102	B2d
3	M2d	299	M2d	4234	M4d	BC 109	B2d
4	Horse Tram	311	Horse Tram	4242	M4d	BC 38	B2d
4	M2d	623	Horse Tram	5208	B2d	BC 6	B2d
5	M2d	716	B2d	5410	B2d	BCDFah 1401	B4d
8	L2d	2067	M2d	5527	B2d	C 7	B2d
9	M2d	2229	M2d	5778	B2d	Ca 1501	B4d
14	B2d	2329	M2d	6005	M2d	Ch 1531	B2d
19	Horse Tram	2362	M2d	6045	M2d	Ch 1534	B2d
31	L2d	2602	M2d	6121	M2d	CL 702	B2d
58	Horse Tram	2703	M2d	6135	M2d	CLc 904	B2d
76	B2d	2752	M2d	6921	M2d	CMg 1607	M2d
100	M2d	3201	B2d	6922	M2d	ET 21	M2d
107	B2d	3288	B2d	7010	B2d	ET 22.105	M2d
120	B4d	3754	B2d	7201	B2d	ET 4	M2d
152	B2d	3970	B2d	126B	B2d	GoL 435	B2d
210	M2d	4112	M2d	36B	B2d	MBC 13	M2d

Mixnitz - St Erhard   760mm   10.3km

L2d		1913	AEG		
E1	E2				

L4d		1957/1963	Zeltweg		
E3	E4				

Payerbach - Hirschwang Museum   760mm   4.9km

17	L2s	Ba 14	B2d	S 1	B2d
Ba 11	B2d	E 1	L2d	V 2	L3d
Ba 12	B2d	E 2	L2d	V 10	L2d
Ba 13	B2d	Floriana	L2s		

Salzburger - Lokalbahn [SLB]   1435mm   35.3km

M2d		1908 - 1910	MAN [SGP]		
ET1	ET3	ET6	ET7	ET10	

L2d		1913	AEG		
E11					

M4d		1950 - 1956	Rastatt / SGP		
ET21	ET32	ET33			

JM6d		1983 - 2001	SGP		
ET41	ET44	ET47	ET50	ET53	ET56
ET42	ET45	ET48	ET51	ET54	ET57
ET43	ET46	ET49	ET52	ET55	ET58

L4d		1952/1986*	SGP/Knotz*		
E61	E62	E63	E64	E71*	

B2d		1909 - 1918	MAN		
EB105	EB108	EB116			

Salzburger - Lokalbahn (cont)

B4d		1950		SGP		
EB301	EB306					

Festung Bahn Funicular SLB — Rack & Pinion

No 1	No 2					

St Florian Museum — 900mm — 4.6km

1	M2d	4	B2d	17	M2d	32	M2d
3	M2d	7	M2d	21	M2d	V10C	L3d
3	B2d	11	M2d	30	M2d	XIII	M2d

Tiroler Museums - Bahnen (TMB)

Motor Trams

1	M4d	1904 Graz		19	M2d	1907 SWS
1	M4d	1909 Graz		53	M2d	1909 Graz
2	M4d	1904 Graz		54	M2d	1905 Graz
4	M4d	1905 Graz		60	M4d	1942 Breda
4	M4d	1909 Graz		61	M4s	1960 Lohner

Trailer Cars

14	B2d	1904 Graz		108	B2d	1900 Graz
16	B2d	1904 Graz		111	B2d	1900 Graz
16	B2d	1892 Graz		120	B2d	1891 Graz
17	B2d	1967 IVB		142	B2d	1906 Graz
104	B2d	1900 Graz		143	B2d	1906 Graz
105	B2d	1900 Graz		147	B2d	1907 Graz

Works Trailers

- -	B2d	1909 Graz (Snowbroom)	34	B3d	1905 Graz
22	B2d	1904 Graz	262	B2d	1900 Graz
32	B2d	1904 Graz	263	B2d	1900 Graz

Vocklamarkt - Attersee [VA] — 1000mm — 13.4km

M2d		1914/1912*		Ganz/Graz*		
ET20104	ET23102*					

M4d		1949/1951*		SWS/SWP*		
ET26109	ET26110	ET26111*	ET26112*			

B2d		1907 - 1912		Graz		
Bip20.220	Bi20.222	Bi26.201				

B4d		1914 - 1942		SIG		
B4bu20223	B4i20226	B4i20228				

Works Cars

No	Type	Date	Builder	No	Type	Date	Builder
X20651	M2d	1976	Windhoff	X23641	M2d	1913	Graz [StH]
X22641	M2d	1955	OBB	X24641	M2d	1953	Goldeband
X22642	M2d	1983	StH	X51204	M2d	1963	Tobisch
X22652	M2d	1978	Solinger Hutte				

Wien		1865	1435mm	183.1km	
AM6		1995 - 2005	Siemens SGP		
1	17	32	47	62	77
2	18	33	48	63	78
3	19	34	49	64	79
4	20	35	50	65	80
5	21	36	51	66	81
6	22	37	52	67	82
7	23	38	53	68	83
8	24	39	54	69	84
9	25	40	55	70	85
10	26	41	56	71	86
11	27	42	57	72	87
12	28	43	58	73	88
13	29	44	59	74	89
14	30	45	60	75	90
15	31	46	61	76	91
16					
AM8		1979 - 1993	SGP		
101	106	111	115	119	123
102	107	112	116	120	124
103	108	113	117	121	125
104	109	114	118	122	126
105	110				
AM6		2000	Bombardier		
401	402	403	404	405	406
B		1995 - 2000	D6fs SGP		
601	608	615	622	629	635
602	609	616	623	630	636
603	610	617	624	631	637
604	611	618	625	632	638
605	612	619	626	633	639
606	613	620	627	634	640
607	614	621	628		
AM8		2000 - 2009	Siemens SGP		
641	654	667	679	692	704
642	655	668	680	693	705
643	656	669	681	694	706
644	657	670	683	695	707
645	658	671	684	696	708
646	659	672	685	697	709
647	660	673	686	698	710
648	661	674	687	699	711
649	662	675	688	700	712
650	663	676	689	701	713
651	664	677	690	702	714
652	665	678	691	703	715
653	666				
c3 B4s		1959 - 1962	Lohner		
1104					

Wien (cont)

c3 B4s   1959 - 1962   Lohner

1108	1150	1200	1222	1245	1272
1114	1156	1201	1224	1247	1273
1115	1158	1203	1227	1249	1274
1117	1163	1205	1228	1250	1275
1118	1166	1207	1229	1252	1276
1119	1170	1209	1230	1259	1277
1124	1171	1210	1231	1260	1278
1126	1183	1211	1232	1261	1279
1127	1187	1212	1233	1264	1280
1130	1190	1213	1234	1265	1282
1134	1191	1214	1235	1266	1283
1135	1192	1215	1236	1267	1284
1136	1193	1216	1237	1268	1285
1137	1194	1217	1240	1269	1286
1141	1197	1218	1242	1270	1288
1142	1198	1219	1244	1271	1290
1144					

c4 B4s   1974 - 1977   Rotax

1301	1314	1326	1338	1350	1362
1302	1315	1327	1339	1351	1363
1303	1316	1328	1340	1352	1364
1304	1317	1329	1341	1353	1365
1305	1318	1330	1342	1354	1366
1306	1319	1331	1343	1355	1367
1307	1320	1332	1344	1356	1368
1308	1321	1333	1345	1357	1369
1309	1322	1334	1346	1358	1370
1310	1323	1335	1347	1359	1371
1311	1324	1336	1348	1360	1372
1312	1325	1337	1349	1361	1373
1313					

c5 B4s   1997 - 1980   Rotax

1401	1410	1419	1428	1437	1446
1402	1411	1420	1429	1438	1447
1403	1412	1421	1430	1439	1448
1404	1413	1422	1431	1440	1449
1405	1414	1423	1432	1441	1450
1406	1415	1424	1433	1442	1451
1407	1416	1425	1434	1443	1452
1408	1417	1426	1435	1444	1453
1409	1418	1427	1436	1445	1454

c5 B4s   1985 - 1990   Rotax

1455	1464	1473	1482	1491	1500
1456	1465	1474	1483	1492	1501
1457	1466	1475	1484	1493	1502
1458	1467	1476	1485	1494	1503
1459	1468	1477	1486	1495	1504
1460	1469	1478	1487	1496	1505
1461	1470	1479	1488	1497	1506
1462	1471	1480	1489	1498	1507
1463	1472	1481	1490	1499	1508

Wien (cont)

c5 B4s (cont)

1509	1511	1513	1515	1516	1517
1510	1512	1514			

E2 JM6s — 1978 - 1981 — SGP

4001	4009	4017	4025	4033	4041
4002	4010	4018	4026	4034	4042
4003	4011	4019	4027	4035	4043
4004	4012	4020	4028	4036	4044
4005	4013	4021	4029	4037	4045
4006	4014	4022	4030	4038	4046
4007	4015	4023	4031	4039	4047
4008	4016	4024	4032	4040	4048

E2 JM6s — 1985 - 1989 — SGP

4049	4058	4067	4075	4083	4091
4050	4059	4068	4076	4084	4092
4051	4060	4069	4077	4085	4093
4052	4061	4070	4078	4086	4094
4053	4062	4071	4079	4087	4095
4054	4063	4072	4080	4088	4096
4055	4064	4073	4081	4089	4097
4056	4065	4074	4082	4090	4098
4057	4066				

E2 JM6s — 1978 — Rotax

4301	4303	4305	4307	4308	4309
4302	4304	4306			

E2 JM6s — 1986 - 1990 — Rotax

4310	4313	4316	4319	4321	4323
4311	4314	4317	4320	4322	4324
4312	4315	4318			

E1 JM6s — 1967 - 1971 — Lohner

4464	4471	4478	4484	4496	4502
4465	4474	4479	4486	4500	4503
4466	4476	4482(sp)	4491	4501	4504
4469					

E1 JM6s — 1972 - 1976 — Rotax

4505	4515	4525	4534	4543	4552
4506	4516	4526	4535	4544	4553
4507	4517	4527	4536	4545	4554
4508	4518	4528	4537	4546	4555
4509	4519	4529	4538	4547	4556
4510	4520	4530	4539	4548	4557
4511	4521	4531	4540	4549	4558
4512	4522	4532	4541	4550	4559
4513	4523	4533	4542	4551	4560
4514	4524				

Wien (cont)

E1 JM6s   1966 - 1976   SGP

4632	4666	4691	4730	4737	4744
4640	4667	4692	4731	4738	4745
4642	4669	4704	4732	4739	4746
4646	4673	4725	4733	4740	4747
4647	4682	4726	4734	4741	4748
4649	4683	4727	4735	4742	4749
4662	4687	4728	4736	4743	4750
4664	4688	4729			

E1 JM6s   1966 - 1976   SGP

4752	4779	4797	4815	4833	4850
4755	4780	4798	4816	4834	4851
4756	4781	4799	4817	4835	4852
4757	4782	4800	4818	4836	4853
4761	4783	4801	4819	4837	4854
4762	4784	4802	4820	4838	4855
4763	4785	4803	4821	4839	4856
4768	4786	4804	4822	4840	4857
4769	4787	4805	4823	4841	4858
4770	4788	4806	4824	4842	4859
4771	4789	4807	4825	4843	4861
4772	4790	4808	4826	4844	4862
4773	4791	4809	4827	4845	4863
4774	4792	4810	4828	4846	4864
4775	4793	4811	4829	4847	4865
4776	4794	4812	4830	4848	4866
4777	4795	4813	4831	4849	4867
4778	4796	4814	4832		

Operating Stadtbahn Fleet

C6 JB6d   1979 - 1983   Rotax

1902	1906(M)	1910	1917	1925	1929
1903	1909	1912	1919	1927	1930

C6 JB6d   1988 - 1990   Rotax

1933	1936	1938	1943	1944	

T ZM6d   1992 - 2000   BWS

2601	2616	2631	2646	2661	2676
2602	2617	2632	2647	2662	2677
2603	2618	2633	2648	2663	2678
2604	2619	2634	2649	2664	2679
2605	2620	2635	2650	2665	2680
2606	2621	2636	2651	2666	2681
2607	2622	2637	2652	2667	2682
2608	2623	2638	2653	2668	2683
2609	2624	2639	2654	2669	2684
2610	2625	2640	2655	2670	2685
2611	2626	2641	2656	2671	2686
2612	2627	2642	2657	2672	2687
2613	2628	2643	2658	2673	2688
2614	2629	2644	2659	2674	2689
2615	2630	2645	2660	2675	2690

Wien (cont)

T ZM6d (cont)

2691	2696	2701	2705	2709	2713
2692	2697	2702	2706	2710	2714
2693	2698	2703	2707	2711	2715
2694	2699	2704	2708	2712	2716
2695	2700				

E6 ZM6d   1979 - 1985   Rotax

Class E6 tram 4937 is being used as a source of spare parts

4902	4908	4914	4922	4928	4939
4903	4910	4915	4923	4933	4942
4904	4911	4918	4924	4936	4944
4907	4912(M)	4921	4927	4937	4945

E6 JM6d   1990 - 1991   Rotax

4948

Tramway Works Cars

6111	KM	M4d	Plasser & Thurer	1987	Crane
6116	SM1	M2d	Graz u Stift	1967	Rail Welding Car
6117			SGP		Track Measuring Car
6123	TU2	M4d	Knotz	1979	Tower Wagon
6160	CH	M4d	Lohner	1967	Towing Car
6161	FR	NM4s	SGP	1964	
6162	CH	M4d	Lohner	1967	Towing Car
6371	BH	M2d	SGP	1951	Shunter
6381	BH	M2d	SGP	1951	Shunter
6383	BH	M2d	SGP	1951	Shunter
6384	BH	M2d	SGP	1951	Shunter
6390	BH	M2d	SGP	1951	Shunter
6396	BH	M2d	SGP	1951	Shunter
6397	BH	M2d	SGP	1951	Shunter
6398	BH	M2d	SGP	1951	Shunter
6399	BH	M2d	SGP	1951	Shunter

BH M4d   1951   SGP

6400

LH M4d   1981 - 1989   General Purpose

6421	6428	6435	6442	6449	6456
6422	6429	6436	6443	6450	6457
6423	6430	6437	6444	6451	6458
6424	6431	6438	6445	6452	6459
6425	6432	6439	6446	6453	6460
6426	6433	6440	6447	6454	6461
6427	6434	6441	6448	6455	

cg B4d Lohner   1956   Uniform car

7161

Wien (cont)

Stadtbahn Works Cars

UHT M2d — 1997
| 6801 | 6802 | | | | | |

E6 ZM6d — 1979 - 1985 Rotax
| 6820 | | | | | |

NH M2d Shunter — 1959 - 1962 SGP
| 6893 | 6894 | 6895 | 6896 | 6897 | |

Preserved Tram Fleet

Wiener Strasenbahnmuseum: Erdberg

Class	No.	Type	Year	Builder
A	2	M2d	1944	Fuchs
DT	11	L2d	1885	Krauss
A	25	M2d	1944	Fuchs
B	51	M2d	1951	SGP
C1	141	M4s	1957	SGP
D	273	M2d	1900	Ringhoffer
D1	314	M2d	1925	Simmering
G4	345	M2d	1948	SGP
T2	401	M2d	1954	Lohner
T2	432	M2d	1956	Lohner
L	502	M2s	1960	SGP
L4	576	M2s	1961	SGP
F	746	NM4s	1963	SGP
G	777	M2d	1901	Graz
G2	2003	M2d	1909	Graz
G2	2051	M2d	1907	Graz
G3	2103	M2d	1909	Graz
H	2215	M2d	1910	Simmering
H1	2260	M2d	1910	Simmering
H2	2280	M2d	1950	SGP
AW	2282	M2d	1912	Graz
K	2283	M2d	1913	Graz u Stift
K	2380	M2d	1912	Simmering
L1	2606	M2d	1929	Graz
N	2706	M2d	1925	Simmering
N	2714	M2d	1925	Simmering
KM	2791	M2d	1908	Simmering
N	2861	M2d	1927	Simmering
N1	2872	M2d	1961	SGP
N1	2992	M2d	1961	SGP
M	4078	M2d	1929	Simmering / Lohner
M	4082	M2d	1929	Simmering / Lohner
M1	4151	M2d	1929	Simmering / Lohner
P	4153	M2d	1929	Simmering
P2	4160	M2d	1930	Simmering
Z	4208	M4d	1939	TATS
D	4301	Am4s	1957	Graf u Stift
SP	6007	M2d	1912	Simmering
SP	6019	M2d	1912	Simmering
SS	6047	M2d	1914	Rohrbacher
SM	6115	M2d	1920	WVB

Wien - Preserved Tram Fleet (cont)

BD	6120	M2d	1963	Stabeg
TU1	6122	M2d	1955	Graf u Stift
KO2	6133	M2d	1925	Simmering
MR	6150	M2d	1929	Simmering
BH	6393	M2d	1952	SGP
GP	6412	M2d	1958	Graf u Stift
GS1	6859	M2d	1969	WVB

Trailer Cars

WT	53		1868	Weitzer	k5	3984	B2d	1938	Simmering
DT	72	B2d	1886	Krauss	d2	5032	B2d	1924	Simmering
NWT	711	B2d	1887	Graz	d2	5064	B2d	1924	Enzesfeld
c2	1001	B4s	1954	Lohner	m2	5194	B2d	1928	Lohner
c3	1110	B4s	1959	Lohner	m2	5200	B2d	1928	Simmering
c1	1241	B4s	1957	SGP	m3	5337	B2d	1929	Simmering
b	1401	B2d	1952	SGP	m3	5412	B2d	1929	Graz
b	1482	B2d	1952	SGP	n	5538	B2d	1925	Simmering
k7	1500	B2d	1953	Lohner	n1	5786	B2d	1927	Simmering
s2	1504	B2d	1871	Spiering	n1	5814	B2d	1927	Lohner
k6	1571	B2d	1952	Lohner	n2	5993	B2d	1961	SGP
k3	1605	B2d	1957	Graf u Stift	a1	7020	B2d	1911	WVB
k3	1606	B2d	1957	Graf u Stift	ks	7026	B2d	1885	Teich
l	1702	B2s	1959	Graf u Stift	am	7030	B1s	1931	WVB
l	1776	B2s	1961	Graf u Stift	gm	7059	B2s	1916	Simmering
l3	1840	B2s	1961	Graf u Stift	s1	7102	B4d	1916	Simmering
l3	1900	B2s	1962	Graf u Stift	st	7114	B2d	1911	WVB
k8	1901	B2d	1953	Lohner	st	7115	B2d	1911	WVB
u3	1948	B2d	1950	Lohner	gr	7130	B2d	1923	Graz
k1	3210	B2d	1910	Nesseldorf	ab	7241	B2d	1903	Lohner
k2	3442	B2d	1912	Stauding	fd	7291	B2s	1925	WVB
k2	3487	B2d	1913	Stauding	ko1	7503	B2d	1924	WVB
u2	3802	B2d	1911	Simmering	k1	11023	B2d	1917	WVB
u2	3832	B2d	1911	Graz					

Other Cars

F	734	NM4s	1963	SGP	m3	5418	B2d	1929	Graz
M	4033	M2d	1928	Simmering	GP	6408	M2d	1956	Graf u Stift
M	4137	M2d	1929	Simmering	TH	6503	M2d	1957	Lohner
m3	5356	B2d	1929	Simmering					

Betriebwagen

Motor Cars in Service

A	11	M2d	1944	Fuchs	M	4101	M2d	1929	Lohner
T1	408	M2d	1954	Lohner	M	4134	M2d	1929	Simmering
F	711	NM4s	1964	SGP	M	4149	M2d	1929	Simmering
K	2319	M2d	1913	Stauding	M1	4152	N2d	1929	Simmering
K	2447	M2d	1913	Simmering	GS	6857	M2d	1912	Graz
M	4023	M2d	1927	Graz	GS	6858	M2d	1906	Graz
M	4048	M2d	1928	Simmering					

Wien - Preserved Tram Fleet (cont)

Betriebwagen

Trailers Cars in Service

k3	1608	B2d	1957	Graf & Stift	m2	5210	B2d	1928 Simmering
k3	1620	B2d	1957	Graf & Stift	m2	5211	B2d	1928 Simmering
k3	1627	B2d	1957	Graf & Stift	m2	5235	B2d	1928 Simmering
k3	1630	B2d	1957	Graf & Stift	m3	5311	B2d	1928 Simmering
k5	3964	B2d	1938	Simmering	m3	5364	B2d	1929 Graz
k5	3965	B2d	1938	Simmering	m3	5376	B2d	1929 Graz
k6	1518	B2d	1952	Lohner	m3	5417	B2d	1929 Graz
k6	1530	B2d	1952	Lohner	m3	5419	B2d	1929 Graz

Motor Cars not in Service

K	2423	M2d	1913	Simmering	M	4077	M2d	1929 Lohner
L1	2597	M2d	1929	Graz	M	4148	M2d	1929 Simmering
M	4013	M2d	1927	Graz	HR	6155	M2d	1911 Simmering

Trailers not in Service

k5	3940	B2d	1938	Simmering	sz1	7194	B2d	1924 Simmering
m3	5358	B2d	1929	Simmering				

Wiener Lokalbahn - Baden [WLB]   1435mm   30.3km

JM8d		1979 - 1993		SGP			
101	106	111	115	119	123		
102	107	112	116	120	124		
103	108	113	117	121	125		
104	109	114	118	122	126		
105	110						

ZM6fd		2000		BWS			
401	404	407(w)	409	411	413		
402	405	408	410(w)	412	414		
403	406						

L2d*/L3d		1962 - 1980		Jenbach			

These are goods only vehicles

80	81*	82	83		

Works Cars

No	Type	Date	Builder	No	Type	Date	Builder
07	M2d	1954	Lohner	904	B2d	1960	Graf & Stift

Historic Cars

No	Type	Date	Builder	No	Type	Date	Builder
200	M4d	1899	Graz	231	M4d	1928	Graz
223	M4d	1927	Graz	256	B4d	1906	Ringhoffer
230	M4d	1928	Graz	270	B4d	1906	Ringhoffer

Belgium

Antwerp		1873	1000mm		68.4km
M4		**1960 - 1962**	**La Brugeoise**		
7001	7010	7024	7036	7045	7053
7002	7014	7026	7037	7046	7054
7003	7015	7027	7038	7047	7055
7004	7016	7029	7039	7048	7056
7005	7017	7030	7040	7049	7057
7006	7018	7032	7041	7050	7058
7007	7019	7033	7042	7051	7059
7008	7021	7034	7043	7052	7060
7009	7022	7035	7044		
M4		**1966**	**La Brugeoise**		
7061	7068	7075	7082	7089	7095
7062	7069	7076	7083	7090	7096
7063	7070	7077	7084	7091	7097
7064	7071	7078	7085	7092	7098
7065	7072	7079	7086	7093	7099
7066	7073	7080	7087	7094	7100
7067	7074	7081	7088		
M4		**1969 - 1970**	**La Brugeoise**		
7101	7106	7110	7114	7118	7122
7102	7107	7111	7115	7119	7123
7103	7108	7112	7116	7120	7124
7104	7109	7113	7117	7121	7125
7105					
M4		**1974 - 1975**	**BN**		
7126	7133	7140	7147	7154	7160
7127	7134	7141	7148	7155	7161
7128	7135	7142	7149	7156	7162
7129	7136	7143	7150	7157	7163
7130	7137	7144	7151	7158	7164
7131	7138	7145	7152	7159	7165
7132	7139	7146	7153		
AM6		**1999 - 2001**	**Siemens**		
7201	7207	7212	7217	7222	7227
7202	7208	7213	7218	7223	7228
7203	7209	7214	7219	7224	7229
7204	7210	7215	7220	7225	7230
7205	7211	7216	7221	7226	7231
7206					
AM6		**2004 - 2007**	**Siemens**		
7232	7240	7247	7253	7259	7265
7233	7241	7248	7254	7260	7267
7234	7242	7249	7255	7261	7268
7235	7243	7250	7256	7262	7269
7237	7244	7251	7257	7263	7270
7238	7245	7252	7258	7264	7271
7239	7246				

Works Cars

8889	4x	Newag	8896	2x	8897	2x	8898	2x	Newag

Brussels 1869 1435mm 133.6km

AM6 | 1993 - 1995 | BN

2001	2010	2019	2028	2036	2044
2002	2011	2020	2029	2037	2045
2003	2012	2021	2030	2038	2046
2004	2013	2022	2031	2039	2047
2005	2014	2023	2032	2040	2048
2006	2015	2024	2033	2041	2049
2007	2016	2025	2034	2042	2050
2008	2017	2026	2035	2043	2051
2009	2018	2027			

AM6 | 2005 - 2011 | Bombardier 'Flexity Outlook'

3001	3024	3047	3070	3092	3114
3002	3025	3048	3071	3093	3115
3003	3026	3049	3072	3094	3116
3004	3027	3050	3073	3095	3117
3005	3028	3051	3074	3096	3118
3006	3029	3052	3075	3097	3119
3007	3030	3053	3076	3098	3120
3008	3031	3054	3077	3099	3121
3009	3032	3055	3078	3100	3122
3010	3033	3056	3079	3101	3123
3011	3034	3057	3080	3102	3124
3012	3035	3058	3081	3103	3125
3013	3036	3059	3082	3104	3126
3014	3037	3060	3083	3105	3127
3015	3038	3061	3084	3106	3128
3016	3039	3062	3085	3107	3129
3017	3040	3063	3086	3108	3130
3018	3041	3064	3087	3109	3131
3019	3042	3065	3088	3110	3132
3020	3043	3066	3089	3111	3133
3021	3044	3067	3090	3112	3134
3022	3045	3068	3091	3113	3135
3023	3046	3069			

AM6 | 2005 - 2010 | Bombardier

4001	4007	4013	4019	4025	4031
4002	4008	4014	4020	4026	4032
4003	4009	4015	4021	4027	4033
4004	4010	4016	4022	4028	4034
4005	4011	4017	4023	4029	4035
4006	4012	4018	4024	4030	

M4 | 1951 - 1953 | La Brugeoise

7003	7009(s)	7027(s)	7035(s)	7041	7046
7006(s)	7020	7028	7036	7042	7047
7007(s)	7021(s)	7029	7038	7043	7048
7008	7022	7033	7040	7045(s)	7049

M4 | 1955 - 1956 | La Brugeoise

7053	7062	7067(s)	7071	7074(s)	7078
7058	7064	7070	7072(s)	7077(s)	7079
7061	7065				

Brussels (cont)

M4 — 1970 - 1971 — La Brugeoise

7156	7159	7162	7165	7168	7170
7157	7160	7163	7166	7169	7171
7158	7161	7164	7167		

AM6 — 1962 — La Brugeoise

7500(M)					

AM6 — 1962 — La Brugeoise

7701	7723	7744	7765	7786	7807
7702	7724	7745	7766	7787	7808
7703	7725	7746	7767	7788	7809
7704	7726	7747	7768	7789	7810
7705	7727	7748	7769	7790	7811
7706	7728	7749	7770	7791	7812
7707	7729	7750	7771	7792	7813
7708	7730	7751	7772	7793	7814
7709	7731	7752	7773	7794	7815
7710	7732	7753	7774	7795	7816
7711	7733	7754	7775	7796	7817
7712	7734	7755	7776	7797	7818
7713	7735	7756	7777	7798	7819
7714	7736	7757	7778	7799	7820
7715	7737	7758	7779	7800	7821
7716	7738	7759	7780	7801	7822
7717	7739	7760	7781	7802	7823
7718	7740	7761	7782	7803	7824
7719	7741	7762	7783	7804	7825
7720	7742	7763	7784	7805	7826
7721	7743	7764	7785	7806	7827
7722					

AM8 — 1977 - 1978 — BN

7901	7912	7922	7932	7942	7952
7902	7913	7923	7933	7943	7953
7903	7914	7924	7934	7944	7954
7904	7915	7925	7935	7945	7955
7905	7916	7926	7936	7946	7956
7906	7917	7927	7937	7947	7957
7907	7918	7928	7938	7948	7958
7908	7919	7929	7939	7949	7959
7909	7920	7930	7940	7950	7960
7910	7921	7931	7941	7951	7961
7911					

Works Cars

31	[1178] 2x	TB/STIB - MIVB	1934	117	[90xx] 2x	STIB - MIVB	1985
34	[1290] 2x	TB/STIB - MIVB	1934	7019	[7019] 4x	BN - ACEC/STIB/MIVB	1952
40	[5009] 4x	Ateliers/STIB - MIVB	1935	7042	[7042] 4x	BN - ACEC/STIB/MIVB	1952
112	[2094] 2x	STIB - MIVB	1975	7052	[7052] 4x	BN - ACEC/STIB/MIVB	1956
115	[2091] 2x	STIB - MIVB	1975	7055	[7055] 4x	BN - ACEC/STIB/MIVB	1956
116	[90xx] 2x	STIB - MIVB	1984				

Charleroi   1887   1000mm   20km

Trams in the old Vicinal livery are still numbered in the 61xx series

AM6   1980   BN/ACEC

7400					

AM6   1981 - 82   BN

7401	7412	7422	7430	7439	7447
7403	7413	7423	7432	7440	7448
7404	7414	7424	7433	7441	7449
7405	7415	7425	7434	7442	7450
7406	7416	7426	7435	7443	7451
7408	7418	7427	7436	7444	7452
7409	7419	7428	7437	7445	7453
7410	7420	7429	7438	7446	7454
7411	7421				

AM4   1979 - 1984   SNCV Jumet

9170	9178	9180	9183		

Works Cars

1202 2x	Orenstein & Koppel	1960	9175 4x	SNCV/TEC Jumet	1980
1203 2x	Orenstein & Koppel	1961	9176 4x	SNCV/TEC Jumet	1981
7874 4x	SNCV/TEC Jumet	1980	9591 4x	SNCV Jumet/Siemens	1984
7879 4x	SNCV/TEC Jumet	1981	9592 2x	Plasser Theurer	1980
7882 4x	SNCV/TEC Jumet	1983	9594 2x	Plasser Theurer	1980
7884 4x	SNCV/TEC Jumet	1984	9596 2x	Esslingen/SNCV Jumet	1957

Gent   1875   1000mm   32.5km

M4   1971 - 1972   La Brugeoise

6201 is no longer in service and is considered a museum piece
Some cars only carry the last two numbers

6201	6208	6215	6222	6230	6240
6202	6209	6216	6223	6231	6241
6203	6210	6217	6224	6232	6242
6204	6211	6218	6225	6233	6244
6205	6212	6219	6226	6234	6245
6206	6213	6220	6227	6235	6246
6207	6214	6221	6229	6239	

M4   1974   La Brugeoise

6247	6248	6249	6251	6253	6254

AM6   1999 - 2001   Siemens (Type 1)

6301	6304	6307	6309	6311	6313
6302	6305	6308	6310	6312	6314
6303	6306				

AM6   2005   Siemens (Type 2)

6315	6318	6321	6324	6327	6330
6316	6319	6322	6325	6328	6331
6317	6320	6323	6326	6329	

AM6   2007   Siemens (Type 3)

6332	6334	6336	6338	6340	6341
6333	6335	6337	6339		

Gent (cont)

Works Cars

Lucien - 1[6267]	2x	De Lijn	1999	Lucien - 2[6267]	2x	De Lijn	2000

Han - Sur - Lesse

ART 89	2x	SNCV Cureghem/NMVB Kuregem	1934
ART 90	2x	SNCV Cureghem/NMVB Kuregem	1934
AR 145	2x	Baume & Marpent	1935
AR 159	2x	FUF Haine - Saint - Pierre	1935
AR 168	2x	FUF Haine - Saint - Pierre	1936
AR 266	2x	NMVB Destelbergen	1938

2AM — 1994 - 2003 — CDF Montmirail

GR001	GR003	GR005	GR007	GR008	GR009
GR002	GR004	GR006			

2AM — 1911 - 1913 — Droeshout & Windels

A 8861	A 8893				

Miscellaneous Vehicles

31	2x		
3518	2x	Ateliers de Seneffe	1887

Ostend — 1885 — 1000mm — 57.5km

AM6 — 1980 — BN

6000						

AM8 — 1982 — BN

6001	6009	6017	6026	6035	6043	
6002	6010	6018	6027	6036	6044	
6003	6011	6019	6028	6037	6045	
6004	6012	6021	6030	6038	6046	
6005	6013	6022	6031	6039	6047	
6006	6014	6023	6032	6040	6048	
6007	6015	6024	6033	6041	6049	
6008	6016	6025	6034	6042		

AM6 — 2004 - 2006 — Siemens (Type 2)

6050	6051	6052	6053	6054	6055

AM6 — 2007 — Siemens (Type 3)

6056	6057	6058	6059	6060	6061

AM8 — 1981 — BN

6102						

AM6 — 2004 - 2006 — Siemens

On loan from Antwerp

6332	6335	6337	7246	7267	7269
6333	6336	7236	7266	7268	7270
6334					

Great Britain

Birmingham Midland Metro — 1435mm — 22km

Type 3 section car — 1998 - 99 — Ansaldo

01 Sir Frank Whittle	05 Sister Dora	09 Jeff Astle	13 Antony Nolan
02	06 Alan Garner	10 John Stanley Webb	14 Jim Eaves
03 Ray Lewis	07 Billy Wright	11 Theresa Stewart	15 Agenoria
04	08 Joseph Chamberlain	12	16 Gerwyn John

Blackpool Transport — 1435mm — 11.5 miles

OMO Car — 1934 — Blackpool

8

Open Boat Class — 1934 — English Electric

| 600 | 602 | 604 | 605 | 607 | |

600 The Duchess of Cornwall

Brush Railcoach — 1937 — Brush

621	625	627	631	633	636
622	626	630	632	634	637
623					

Centenary Class — 1984 - 86 — East Lancs Coachbuilders

| 641 | 643 | 645 | 646 | 647 | 648 |
| 642 | 644 | | | | |

Coronation Class — 1953 — Charles Roberts

660

Progress Twin Cars — 1936 (1958 - 60) — English Electric/Metro Cammell

| 671+681 | 673+683 | 675+685 | 677+687 |
| 672+682 | 674+684 | 676+686 | |

Railcoach Class — 1936 (1960) — English Electric

| 678 | 679 | 680 | | | |

Balloon Class — 1934 - 35 — English Electric

700	704	709	713	718	722
701	706	710	715	719	723
702	707	711	716	720	724
703	708	712	717	721	726

706 Princess Alice
717 Phillip R Thorpe

Illuminated Tramcars — 1960 - 63 — Various

732	The Rocker	735	The Warship
733	The Western Train Locomotive	736	The Trawler
734	The Western Train Carriage		

Jubilee Class — 1935 (1979/1982)

| 761 | 762 | | |

Blackpool Transport (cont)

Flexity 2 — 2011 — Bombardier
Note: 16 vehicles have been ordered

Vintage Tramcars — 1901 - 1950 — Various

5	(Stockport)	66	(Bolton)	513	(Sheffield)
40	(Fleetwood)	147	(Blackpool)	1245	(Glasgow)

Works Cars

259	Permanent Way Car		753	Overhead Line Car
260	Rail Crane		754	Overhead Line Car
749	Tower Wagon Trailer		939	Road/Rail Vehicle
750	Reel Wagon		940	Road/Rail Vehicle
752	Rail Grinder & Snow Plough		941	Road/Rail Vehicle

Croydon Tramlink — 1435mm

Type 3 Car Section — 1998 - 99 — Bombardier

2530	2534	2538	2542	2546	2550
2531	2535	2539	2543	2547	2551
2532	2536	2540	2544	2548	2552
2533	2537	2541	2545	2549	2553

2535 Stephen Parascandalo 1980-2007

Edinburgh — 1435mm

Type 7 Section Tram — 2010 - 2011 — CAF

251	256	261	266	270	274
252	257	262	267	271	275
253	258	263	268	272	276
254	259	264	269	273	277
255	260	265			

Manchester Metrolink — 1435mm — 17 miles

Type 2 car section — 1991 - 92 — Firmena

1001	System One		1014	The Greater Manchester Runner
1002			1015	Burma Star
1003			1016	
1004	The Robert Owen		1017	Bury Hospice
1005	The Railway Mission		1018	
1006			1019	
1007	East Lancashire Railway		1020	Lancashire Fusilier
1008			1021	Sony Centre Arndale
1009	Virgin Megastores		1022	The Poppy Appeal
1010			1023	
1011			1024	
1012			1025	
1013	The Grenadier Guardsman		1026	

Manchester Metrolink (cont)

Type 2 car section — 1999 - 2000 — Ansaldo

2001	The Joe Clarke OBE		2004	Salford Lads Club
2002	Sony Centre Arndale		2005	W H Smith West One
2003	Traveller 2000		2006	

M5000 Flexity Swift — 2009 - 2012 — Bombardier

3001	3008	3015	3022	3029	3035
3002	3009	3016	3023	3030	3036
3003	3010	3017	3024	3031	3037
3004	3011	3018	3025	3032	3038
3005	3012	3019	3026	3033	3039
3006	3013	3020	3027	3034	3040
3007	3014	3021	3028		

Nottingham Express Transit — 1435mm

Type 5 car section — 2002 - 2003 — Bombardier

201	Torvill and Dean	206	Angela Alcock	211	Robin Hood
202	DH Lawrence	207	Mavis Worthington	212	William Booth
203	Bendigo Thompson	208	Dinah Minton	213	Mary Potter
204	Erica Beardsmore	209	Sydney Standard	214	Dennis McCarthy MBE
205	Lord Byron	210	Sir Jesse Boot	215	Brian Clough

Sheffield South Yorkshire Supertram — 1435mm

Type 3 car section — 1993 - 94 — B - B - B - B — Siemens

101	106	110	114	118	122
102	107	111	115	119	123
103	108	112	116	120	124
104	109	113	117	121	125
105					

Denmark

Aarhus

The surviving tram set will form the basis of a public transport museum financed by the Kommmune and has been moved from the bus depot to a temporary storage unit until plans are finalised.

Tram Set				
18 + 55				

Odense — 2010-2017 — 1435mm — 7km

Plans have been announced for a new tramway network for the city, the last tram ran in 1952.

Finland

Helsinki — 1891 — 1000mm — 76km

M4 — 1959 — Karia / Valmet

1	6	11	16	21	26
2	7	12	17	22	27
3	8	13	18	23	28
4	9	14	19	24	29
5	10	15	20	25	30

AM6 — 1973 - 1975 — Valmet

31	38	45	52	59	65
32	39	46	53	60	66
33	40	47	54	61	67
34	41	48	55	62	68
35	42(w)	49	56	63	69
36	43	50	57	64	70
37	44	51	58		

AM6 — 1985 - 1986 — Valmet

* - Fitted with low-floor centre section to become eight-axle cars

71	78	85*	92	99*	106
72	79	86*	93	100	107
73	80*	87	94	101*	108
74	81	88	95	102*	109
75	82	89	96	103	110
76*	83	90	97	104	111
77	84	91*	98*	105	112

AM8 — 1962 - 1964 — Duwag (Ex - Mannheim)

161	[517]	162	[519]	163	[523]	164	[503]	165	[507]	166	[510]

AM6 — 1998 - 2002 — Bombardier

201	208	215	222	229	235
202	209	216	223	230	236
203	210	217	224	231	237
204	211	218	225	232	238
205	212	219	226	233	239
206	213	220	227	234	240
207	214	221	228		

AM6 — 1970 - 1971 — Duewag (Ex - Mannheim)

453	455	456	457		

AM6 — Crotram ZET

2263					

France

Angers 2008 - 2010 Kelios 12.8km

Note: Planned opening 2011

AM6		2009 - 2010		Alstom Citadis		
1001	1004	1007	1010	1013	1016	
1002	1005	1008	1011	1014	1017	
1003	1006	1009	1012	1015		

Bordeaux Kelios

AM6		2004 - 2007		Alstom Citadis		
2201	2207	2213	2218	2223	2228	
2202	2208	2214	2219	2224	2229	
2203	2209	2215	2220	2225	2230	
2204	2210	2216	2221	2226	2231	
2205	2211	2217	2222	2227	2232	
2206	2212					
2241	2242	2243	2244	2245	2246	
2301	2304	2307	2310	2313	2315	
2302	2305	2308	2311	2314	2316	
2303	2306	2309	2312			
2501	2505	2509	2512	2515	2518	
2502	2506	2510	2513	2516	2519	
2503	2507	2511	2514	2517	2520	
2504	2508					
2541	2542	2543	2544	2545	2546	
2801	2802	2803	2804			

Brest 2012 1435mm 14.5km

Planned opening June 2012

Caen

This system is a single centre rail guided Trolleybus system

501	505	509	513	517	521
502	506	510	514	518	522
503	507	511	515	519	523
504	508	512	516	520	524

Dijon 2013 1435mm 18.9km

Line A and Line B planned opening 2013

Grenoble 1987 1435mm 19.2km

AM6		1986 - 1987		Alstom		
2001	2005	2009	2012	2015	2018	
2002	2006	2010	2013	2016	2019	
2003	2007	2011	2014	2017	2020	
2004	2008					

Grenoble (cont)

AM6 — 1989 - 1992 — Alstom

2021	2024	2027	2030	2033	2036
2022	2025	2028	2031	2034	2037
2023	2026	2029	2032	2035	2038

AM6 — 1989 - 1992 — Alstom

2039	2042	2045	2048	2050	2052
2040	2043	2046	2049	2051	2053
2041	2044	2047			

AM6 — 2005 - 2010 — Alstom Citadis

6001	6010	6019	6027	6035	6043
6002	6011	6020	6028	6036	6044
6003	6012	6021	6029	6037	6045
6004	6013	6022	6030	6038	6046
6005	6014	6023	6031	6039	6047
6006	6015	6024	6032	6040	6048
6007	6016	6025	6033	6041	6049
6008	6017	6026	6034	6042	6050
6009	6018				

Le Mans — 2007 — 1000mm

AM6 — 2007 — Alstom 'Citadis'

01	06	11	16 'Wilbur Wright'	20
02	07	12	17	21
03	08	13	18	22
04	09	14	19	23
05	10	15		

Lens — 2013 — 37.4km — 1435mm

Note: Hénin Line (20km) and Béthune Line (17.4km) planned opening 2013

Lille — 1874 — 1000mm — 22km

AM6 — 1993 - 1994 — Breda

01	05	09	13	17	21
02	06	10	14	18	22
03	07	11	15	19	23
04	08	12	16	20	24

Lyon — 2000 — 1435mm — 24.3km

AM6 — 2000 - 2001 — Alstom

0801	0808	0815	0822	0828	0834
0802	0809	0816	0823	0829	0835
0803	0810	0817	0824	0830	0836
0804	0811	0818	0825	0831	0837
0805	0812	0819	0826	0832	0838
0806	0813	0820	0827	0833	0839
0807	0814	0821			

Lyon (cont)

AM6		2004		Alstom		
Note: The last two digits are used on the tram front so 0858 is No 58						
0840	0844	0847	0850	0853	0856	
0841	0845	0848	0851	0854	0857	
0842	0846	0849	0852	0855	0858	
0843						

Rhôn Express Airport Light Rail

Low Floor Stadlet "Tango"				3 Section Unit		2010-
6 sets on order						
Set 1	Set 2	Set 3	Set 4	Set 5	Set 6	

Marseille — 1876 — 1435mm — 3.9km

M4		1968 - 1969		La Brugeoise		
TA01	TA04	TA07	TA10	TA13	TA15	
TA02	TA05	TA08	TA11	TA14	TA16	
TA03	TA06	TA09	TA12			

M4		1984		BN		
TB17	TB18	TB19				

AM6		2004 - 2007		Bombardier Flexity Outlook		
1	6	11	15	19	23	
2	7	12	16	20	24	
3	8	13	17	21	25	
4	9	14	18	22	26	
5	10					

Montpellier — 2000 — 1435mm — 15.2km

AM6		2000 - 2001		Alstom		
2001	2006	2011	2016	2021	2025	
2002	2007	2012	2017	2022	2026	
2003	2008	2013	2018	2023	2027	
2004	2009	2014	2019	2024	2028	
2005	2010	2015	2020			

AM6		2002		Alstom		
2029	2030					

AM6		2007		Alstom Citadis 302		
2031	2032	2033				

AM6		2006 - 2007		Alstom Citadis 302		
2041	2045	2049	2053	2057	2061	
2042	2046	2050	2054	2058	2062	
2043	2047	2051	2055	2059	2063	
2044	2048	2052	2056	2060	2064	

Mulhouse	2006		1435mm		13.6km
AM6		2006	Alstom Citadis 302		

The tram numbers are correct but the first two digits "20" are small and the last two digits 01 are large.

2001	2006	2011	2016	2020	2024
2002	2007	2012	2017	2021	2025
2003	2008	2013	2018	2022	2026
2004	2009	2014	2019	2023	2027
2005	2010	2015			

Avonto Tram - Train	2010	Siemens

12 vehicles on order

Nantes		1985		1435mm		36.4km
AM8		1984 - 1985	Alstom			
301	305	309	312	315	318
302	306	310	313	316	319
303	307	311	314	317	320
304	308				
AM8		1988	Alstom			
321	323	325	326	327	328
322	324				
AM8		1992 - 1993	Alstom			
329	332	335	338	341	344
330	333	336	339	342	345
331	334	337	340	343	346
AM6		2000 - 2001	Adtranz			
351	355	359	363	367	371
352	356	360	364	368	372
353	357	361	365	369	373
354	358	362	366	370	
AM6		2005 - 2006	Bombardier 'Incento'			
374	376	378	380	382	383
375	377	379	381		

Nice		2007		1435mm		8.7km
AM6		2007	Alstom ' Citadis'			
001	005	009	012	015	018
002	006	010	013	016	019
003	007	011	014	017	020
004	008				

Orleans		2000		1435mm		18km
AM6		2000 - 2001	Alstom			
39	43	47	51	55	58
40	44	48	52	56	59
41	45	49	53	57	60
42	46	50	54		

Orleans (cont)

AM6 — 2010-2012 — Alstom Citadis

61	65	69	73	76	79
62	66	70	74	77	80
63	67	71	75	78	81
64	68	72			

Paris — 1992 — 1435mm — 20.4km

AM6 — 1991 - 1992 — Alstom — Line T1

101	104	107	110	113	116
102	105	108	111	114	117
103	106	109	112	115	

AM6 — 1995 — Alstom — Line T1

118	119				

AM6 — 1995 - 1996 — Alstom — Line T1

201	204	207	210	213	215
202	205	208	211	214	216
203	206	209	212		

AM6 — 2002 - 2003 — Alstom ' Citadis' Line T3

301	305	309	313	316	319
302	306	310	314	317	320
303	307	311	315	318	321
304	308	312			

AM6 — 2004 - 2009 — Alstom 'Citadis' Line T2

401	408	415	422	429	435
402	409	416	423	430	436
403	410	417	424	431	437
404	411	418	425	432	438
405	412	419	426	433	439
406	413	420	427	434	440
407	414	421	428		

Class Z25500 — 2005 - 2006 — Avanto Tram-Train Line T4

These are officially Railway Rolling Stock but have been included for completeness

TT01	TT04	TT07	TT10	TT12	TT14
TT02	TT05	TT08	TT11	TT13	TT15
TT03	TT06	TT09			

Reims — 2011 — 112km — 1435mm

Planned opening 2011

AM6 — 2010-2011 — Alstom 'Citadis'

101	104	107	110	113	116
102	105	108	111	114	117
103	106	109	112	115	118

Rennes — 2009 - 2020 — 12.7km KAL

This is a new system to be built but no details on trams yet

Réunion — 2009 - 2013 — 40km

This is a new system to be built but no details on trams yet

Rouen — 1994 — 1435mm — 15.4km

AM6 — 1993 - 1994 — Alstom

801	806	811	816	821	825
802	807	812	817	822	826
803	808	813	818	823	827
804	809	814	819	824	828
805	810	815	820		

St - Etienne — 1881 — 1000mm — 9.3km

AM6 — 1991 - 1992 — Alstom / Vevey / Duewag

901	904	907	910	912	914
902	905	908	911	913	915
903	906	909			

AM6 — 1997 - 1998 — Alstom / Vevey / Duewag

916	920	924	927	930	933
917	921	925	928	931	934
918	922	926	929	932	935
919	923				

Strasbourg — 1994 — 1435mm — 25.2km

AM8 — 1994 — ABB — Eurotram

1001	1006	1011	1015	1019	1023
1002	1007	1012	1016	1020	1024
1003	1008	1013	1017	1021	1025
1004	1009	1014	1018	1022	1026
1005	1010				

AM8 — 1999 - 2000 — Adtranz — Eurotram

1031	1033	1035	1037	1039	1040
1032	1034	1036	1038		

AM10 — 1999 - 2000 — Adtranz — Eurotram

1051	1054	1057	1060	1063	1066
1052	1055	1058	1061	1064	1067
1053	1056	1059	1062	1065	

AM8 — 2006 - 2007 — Alsthom 'Citidis' Type 403

2001	2008	2015	2022	2029	2036
2002	2009	2016	2023	2030	2037
2003	2010	2017	2024	2031	2038
2004	2011	2018	2025	2032	2039
2005	2012	2019	2026	2033	2040
2006	2013	2020	2027	2034	2041
2007	2014	2021	2028	2035	

Toulouse		2010		1435mm		11.2km	
AM6		2010-2011		Alstom Citadis 302			
5001	5004	5007	5010	5013	5016		
5002	5005	5008	5011	5014	5017		
5003	5006	5009	5012	5015	5018		

Tours	2013	1435mm	15.3km
Note: Planned opening 2013			

Valenciennes	2006			
Alsthom Cidadis	2007			
01	02			

Germany

Augsburg 1881 1000mm 37.5km

AM4 — 1959 - 1962 — Esslingen

411	414	416	418	419	420
412	415	417			

AM4 — 1961 - 1962 — Esslingen

461	463	465	467	469	470
462	464	466			

AM6 — 1996 — Adtranz

601	603	605	607	609	611
602	604	606	608	610	

AM8 — 1976 — MAN / Duewag

801	803	805 (w)	807	809	811
802	804	806	808	810	812

AM8 — 2000 - 2001 — Siemens

821	828	835	846	853	860
822	829	836	847	854	861
823	830	841	848	855	862
824	831	842	849	856	863
825	832	843	850	857	864
826	833	844	851	858	865
827	834	845	852	859	

AM6 — 2009- — Bombardier Cityflex

871	876	881	886	890	894
872	877	882	887	891	895
873	878	883	888	892	896
874	879	884	889	893	897
875	880	885			

AM8 — 1985 — MAN / Duewag

8001	8003	8005	8007	8009	8011
8002	8004	8006	8008	8010	8012

Works Cars

No	Type	Builder	Date	No	Type	Builder	Date
1	2xZR	?	?	16	2xZR	Radstatt	1983
2	2xZR	?	?	41	4xZR	Windhoff	1996
3	2xZR	?	?				

Historic Vehicles

No	Type	Builder	Date	No	Type	Builder	Date
5	2xZR	?	?	224	2xZR	MAN	1938
6	2xZR	?	?	403	2+2xGel3ER	Talbot	1951
14	2xZR	Eigenbau	1898	501	2xZR	Fuchs	1948
14	2xZR	MAN	1898	503	2xZR	Fuchs	1948
15	2xZR	MAN	1898	505	2xZR	Fuchs	1948
22	2xZR	Schorling	1952	506	2xZR	Fuchs	1948
101	4xZR	MAN	1913	507	2xZR	Fuchs	1948
165	4xZR	MAN	1926	520	GT3	MAN	1956
179	2xZR	MAN	1938				

Bad Schandau 1898 1000mm 8.1km

M2		1957–1958		Gotha		
1	2	3				

M2		1960		Gotha		
4	6					

B2		1963		Gotha		
21	22	23	24			

B2		1988 - 1992		Gotha		
25	26					

Historic Trams

M2		1928		MAN		
5						

M2		1938		Gotha		
8						

M2		1925		Bautzen		
9						

B2		1928		MAN		
12						

Bergische Museumsbahnen (Wuppertal) 3.2km

No	Type	Builder	System	Date
20	2xZR	Esslingen	Reutlingen	1939
25	4xZR	Both&Tillmann	Wuppertal	1927
49	2xZR	Weyer	Remscheid	1921
53	2xZR	Esslingen	Reutlingen	1928
93	2xZR	MAN	Wuppertal	1920
94	2xZR	Schondorf	Wuppertal	1928
96	2xZR	Fuchs	Bochum	1948
102	2xZR	Gotha	Gotha	?
105	2xZR	Talbot	Wuppertal	1927
106	4XGelZR	Westwaggon	Ramscheid	1960
107	4xZR	Duewag	Dusseldorf	1936
113	2xZR	Talbot	Wuppertal	1927
115	2xZR	Uerdingen	Wuppertal	1931
128	2xZR	MAN	Wuppertal	1919
131	2xZR	Duewag	Hagen	1956
141	2xZR	Uerdingen	Wuppertal	1928
159	4xZR	MAN	Wuppertal	1925
195	2xZR	Duewag	Vestische	1955
226	4xZR	Duewag	Frankfurt	1957
239	2xZR	Zypen	Wuppertal	1925
244	2xZR	Weyer	Dusseldorf	1928
275	6xGelZR	Duewag	Bochum	1957
323	2xZR	Duewag	Hagen	1956
337	2xZR	Duewag	Hagen	1957
342	4xZR	Duewag	Vestische	1952
406	2xZR	Rastatt	Freiburg	1953
420	2xZR	Eigenbau	Hagen	1925

Bergische Museumsbahnen (Wuppertal) (cont)

No	Type	Builder	System	Date
509	2xZR	?	Vestische	1909
560	2xZR	Rastatt	Vestische	1944
565	2xZR	?	Vestische	?
601	2xZR	Eigenbau	Wuppertal	1932
610	2xZR	Seidlitz	Bochum	1950
628	2xZR	Eigenbau	Wuppertal	1950
683	2xZR	Crede	Bochum	1951
718	2xZR	Eigenbau	Bochum	1980
729	2xZR	Zypen	Wuppertal	1894
911	2xZR	Uerdingen	Wuppertal	1949

Berlin   1865   1435mm   181.6km

AM6   1994 - 1995   AEG

1001	1011	1021	1031	1041	1051	
1002	1012	1022	1032	1042	1052	
1003	1013	1023	1033	1043	1053	
1004	1014	1024	1034	1044	1054	
1005	1015	1025	1035	1045	1055	
1006	1016	1026	1036	1046	1056	
1007	1017	1027	1037	1047	1057	
1008	1018	1028	1038	1048	1058	
1009	1019	1029	1039	1049	1059	
1010	1020	1030	1040	1050	1060	

AM6   1997 - 1999   Adtranz

1061	1069	1077	1085	1092	1099	
1062	1070	1078	1086	1093	1100	
1063	1071	1079	1087	1094	1101	
1064	1072	1080	1088	1095	1102	
1065	1073	1081	1089	1096	1103	
1066	1074	1082	1090	1097	1104	
1067	1075	1083	1091	1098	1105	
1068	1076	1084				

AM6   2000 - 2002   Adtranz / Bombardier

2001	2009	2017	2025	2032	2039	
2002	2010	2018	2026	2033	2040	
2003	2011	2019	2027	2034	2041	
2004	2012	2020	2028	2035	2042	
2005	2013	2021	2029	2036	2043	
2006	2014	2022	2030	2037	2044	
2007	2015	2023	2031	2038	2045	
2008	2016	2024				

AM6   2008   Bombardier Flexity

Note: These are prototype trams

3001	4001					

Berlin (cont)

M4 — 1988 - 1990 — Tatra T6

5101	5121	5141	5160	5179	5198
5102	5122	5142	5161	5180	5199
5103	5123	5143	5162	5181	5200
5104	5124	5144	5163	5182	5201
5105	5125	5145	5164	5183	5202
5106	5126	5146	5165	5184	5203
5107	5127	5147	5166	5185	5204
5108	5128	5148	5167	5186	5205
5109	5129	5149	5168	5187	5207
5110	5130	5150	5169	5188	5208
5111	5131	5151	5170	5189	5210
5112	5132	5152	5171	5190	5211
5113	5133	5153	5172	5191	5212
5114	5134	5154	5173	5192	5213
5115	5135	5155	5174	5193	5214
5116	5136	5156	5175	5194	5215
5117	5137	5157	5176	5195	5216
5118	5138	5158	5177	5196	5217
5119	5139	5159	5178	5197	5218
5120	5140				

B4 — 1989 - 1990 — Tatra B6

5501(s)	5510(s)	5520(s)	5528(s)	5536	5548(s)
5502(s)	5511(s)	5521(s)	5529(s)	5537(s)	5550(s)
5503	5512(s)	5522(s)	5530(s)	5538(s)	5551(s)
5504	5513(s)	5523(s)	5531(s)	5539(s)	5552(s)
5505(s)	5514(s)	5524(s)	5532(s)	5541	5555(s)
5506(s)	5515	5525(s)	5533	5543(s)	5556(s)
5507(s)	5517(s)	5526(s)	5534(s)	5545	5558(s)
5508(s)	5518)s)	5527(s)	5535	5547(s)	5559(s)
5509(s)	5519(s)				

B4 — 1990 — Tatra B6

5563(s)	5564				

KT4D — 1980 - 84 — CKD

6001	6019	6036	6052	6068	6084
6002	6020	6037	6053	6069	6085
6003	6021	6038	6054	6070	6086
6004	6022	6039	6055	6071	6087
6005	6023	6040	6056	6072	6088
6006	6024	6041	6057	6073	6089
6007	6025	6042	6058	6074	6090
6008	6026	6043	6059	6075	6091
6009	6027	6044	6060	6076	6092
6010	6028	6045	6061	6077	6093
6011	6029	6046	6062	6078	6094
6012	6030	6047	6063	6079	6095
6013	6031	6048	6064	6080	6096
6015	6032	6049	6065	6081	6097
6016	6033	6050	6066	6082	6098
6017	6034	6051	6067	6083	6099
6018	6035				

Berlin (cont)

Type KT4D — 1984 - 86 — CKD

6100	6113	6126	6138	6150	6162	
6101	6114	6127	6139	6151	6163	
6102	6115	6128	6140	6152	6164	
6103	6117	6129	6141	6153	6165	
6104	6118	6130	6142	6154	6166	
6105	6119	6131	6143	6155	6167	
6106	6120	6132	6144	6156	6168	
6107	6121	6133	6145	6157	6169	
6108	6122	6134	6146	6158	6170	
6109	6123	6135	6147	6159	6171	
6110	6124	6136	6148	6160	6172	
6111	6125	6137	6149	6161	6173	
6112						

AM4 — 1982 – 1986 — Tatra KT4

7001	7018	7035	7052	7068	7084	
7002	7019	7036	7053	7069	7085	
7003	7020	7037	7054	7070	7086	
7004	7021	7038	7055	7071	7087	
7005	7022	7039	7056	7072	7088	
7006	7023	7040	7057	7073	7089	
7007	7024	7041	7058	7074	7090	
7008	7025	7042	7059	7075	7091	
7009	7026	7043	7060	7076	7092	
7010	7027	7044	7061	7077	7093	
7011	7028	7045	7062	7078	7094	
7012	7029	7046	7063	7079	7095	
7013	7030	7047	7064	7080	7096	
7014	7031	7048	7065	7081	7097	
7015	7032	7049	7066	7082	7098	
7016	7033	7050	7067	7083	7099	
7017	7034	7051				

AM6 — 2008 — Bombardier Flexity

Note: These are protype trams

8001	9001

Works Cars

No	Type	Builder	Date	No	Type	Builder	Date
4556	Type SF60	Windhoff	2000	4632	Type 4xZR	Falkenried	1897
4592	Type KT4D	CKD	1982				

Preserved Works Cars

No	Type	Builder	Date	No	Type	Builder	Date
S2	2xZR	Johannisthal	1953	G193	G	Schondorff	1925
F3	2xZR	vdZypen	1912	G255	G	Schondorff	1925
G107	G	BVG	1943	A284	2xZR	Johannisthal	1953
A180	2xZR	Johannisthal	1953	729 037	GLM	Raw Eng	1970

Berlin (cont)

Historic Trams

No	Type	Builder	Date	No	Type	Builder	Date
1	2xZR	Lauenstein	1865	3110	U3L	NAG	1923
1	B24	?	1924	3337	TM33	WUMAG	1927
10	2xZR	Herbrand	1903	3344	TM33	WUMAG	1927
14	TF26	O&K	1926	3493	TM36	HAWA	1927
40	2xZR	Boker	1899	3566	TM36	Niesky	1927
47	BF13/25	O&K	1913	3701	BZ69	RawSw	1969
68	TD08/24	Falkenried	1910	3711	BZ69	RawSw	1969
223	TF21S	Falkenried	1916	3802	TM34	Schondorff	1927
339	B24	?	1924	4305	TF21S	Falkenried	1921
573	2xZR	Breslau	1885	5256	TD07/25	Gotha	1912
712	V	Herbrand	1887	5274	TD07/25	Falkenried	1912
808	2xZR	HW & GBS	1906	5403	TDS08/24	Falkenried	1910
826	2xZR	Herbrand	1899	5472	TF13/25	O&K	1913
958	B06/27	HW & GBS	1906	5725	T24	?	1924
984	B06/27	HW & GBS	1906	5984	T24/49	LHW	1925
1103	B03/26	Falkenried	1903	6211	TG29/52	Niesky	1929
1420	B21	HAWA	1921	6301	TF50	Gaubschat	1951
1525	BDM26	O&K	1926	7000	TED52	WU/AEG	1952
1688	2xZR	O&K	1898	217 055	TE59	RawSw/LEW	1961
1707	B50	Werdau	1950	218 001	TDE58	Gotha/Ammendorf	1958
2000	BED52	WU/AEG	1952	218 025	T4-62TDE64	Gotha/LEW	1963
2082	2xZR	HW and GBS	1901	219 481	KT4D	CKD	1986
2629	2xZR	O&K	1897	219 482	KT4D	CKD	1986
2990	TD	Herbrand	1910	267 006	BE59/1	RawSw	1960
3012	TZ69	RawSw/LEW	1969	267 428	BE64	RawSw	1965
3051	U3L	NAG	1923	268 058	B4-61BDE64	Gotha	1963

Bielefeld — 1900 — 1000mm — 31km

B4 — 1999 — Duewag

| 511 | 512 | 513 | 514 | 515 | |

AM8 — 1982 - 1983 — Duewag

516	520	524	528	532	536
517	521	525	529	533	537
518	522	526	530	534	538
519	523	527	531	535	539

AM8 — 1986 - 1987 — Duewag

540	544	548	551	554	557
541	545	549	552	555	558
542	546	550	553	556	559
543	547				

AM8 — 1994 - 1999 — Duewag

560	566	572	578	584	590
561	567	573	579	585	591
562	568	574	580	586	592
563	569	575	581	587	593
564	570	576	582	588	594
565	571	577	583	589	595

Berlin (cont)

Works Cars

500	8xGel3ZR	Duewag	1963	508	2xZR V - Tw		1970
506	4xZR	Schwarzer	1995	510	8xGel3ZR	Duewag	1960
507	2xZR	Eigenbau	1993	891	2xZR	Schorling	1927

Preserved Tram

65	2xZR	Duewag	1924

Bochum - Gelsenkirchen 1894   1000 / 1435mm   100.6km

AM6   1976 - 1977   Duewag

301	307	313	318	326	330	
302	308	314	321	327	331	
304	310	315	323	328	332	
305	311	316	324	329	333	
306	312	317	325			

AM6   1981 - 1982   Duewag

334	339	343	346	349	353
335	340	344	347	351	354
337	341	345	348	352	355
338	342				

AM6   1992 - 1994   Duewag

401	408	415	422	429	436
402	409	416	423	430	437
403	410	417	424	431	438
403	411	418	425	432	439
404	412	419	426	433	440
405	413	420	427	434	441
406	414	421	428	435	442
407					

AM6   2008   Stadler Variotram

501	506	511	516	521	526
502	507	512	517	522	527
503	508	513	518	523	528
504	509	514	519	524	529
505	510	515	520	525	530

AM6   1988 - 1989   Duewag

6001	6004	6006	6008	6010	6012
6002	6005	6007	6009	6011	6013
6003					

AM6   1992 - 1993   Duewag

6014	6016	6018	6020	6022	6024
6015	6017	6019	6021	6023	6025

AM6   2007 - 2008   Stadler Tango

6026	6032	6038	6044	6050	6056
6027	6033	6039	6045	6051	6057
6028	6034	6040	6046	6052	6058
6029	6035	6041	6047	6053	6059
6030	6036	6042	6048	6054	6060
6031	6037	6043	6049	6055	6061

Bochum - Gelsenkirchen (cont)

Works Cars

No	Type	Builder	Date	No	Type	Builder	Date
88	6xGel2ZR	Duewag	1969	6901	4xE - Lok	Schalke	1989
677	6xGel2ZR	Duewag	1957	6902	4xZR	Schalke	1989
702	2xZR	O&K	1907				

Preserved Trams

No	Type	Builder	Date	No	Type	Builder	Date
40	6xGel2ZR	Duewag	1968	620	4xGrZR	Duewag	1968
96	2xZR	Fuchs	1948				

Bonn   1891   1435mm   51.6km

AM6 — 2004 — Bombardier K5000 LRV

0360	0363	0366	0369	0371	0373
0361	0364	0367	0370	0372	0374
0362	0365	0368			

B100S — 1974 - 1975 — Duewag

7456	7459	7463	7465	7466

AM6 — 1975 — Duewag

7571	7573	7575	7576	7577	7578
7572	7574				

AM6 — 1976 — Duewag

7651	7652	7653

AM6 — 1977 - 1978 — Duewag

7751	7753	7755	7757	7759	7760
7752	7754	7756	7758		

AM6 — 1983 — Duewag

8371	8373	8375	8376	8377	8378
8372	8374				

AM6 — 1984 — Duewag

8451	8452	8453	8454	8455	8456

AM6 — 1984 — Duewag

8471

AM6 — 1993 — Duewag

9351	9354	9357	9359	9361	9363
9352	9355	9358	9360	9362	9364
9353	9356				

AM6 — 1993 — Duewag

9371	9372	9373	9374	9375	9376

AM6 — 1994 — Duewag

9451	9455	9459	9463	9467	9471
9452	9456	9460	9464	9468	9472
9453	9457	9461	9465	9469	9473
9454	9458	9462	9466	9470	9474

Bonn (cont)

Works Cars

2xV - Lok — 1951 — KDH
101

2xZR — 1981 — Windhoff
8191 | 8192 | 8193 | 8194

4xZR — 1981 — Windhoff
8195

Preserved Trams

No	Type	Builder	Date	No	Type	Builder	Date
13	2xZR	vdZypen	1906	414	8xGel3ZR	Duewag	1969
14	3xZR	Westwaggon	1950				

Brandenburg — 1897 — 1000mm — 22.8km

AM6 — 1995 — Duewag
100 | 101 | 102 | 103

T2 - 62 — 1964 — Gotha
125

AM4/6 — 1979 - 1983 — Tatra KT4
170	174	178	180	182	184
172	176	179	181	183	185
173	177				

B2D — 1967 - 1968 — CKD
261 | 273

Works Cars

| 154 | KT4D | CKD | 1990 | 354 | 2x | Eigenbau | 1970 |
| 306 | T57 | Gotha | 1959 | 360 | 2xZR | CKD | 1960 |

Historic Vehicles

No	Type	Builder	Date	No	Type	Builder	Date
30	2xZR	Linder	1912	203	EB54	Gotha	1954
42	ET54	Gotha	1954				

Braunschweig (Brunswick) — 1879 — 1100mm — 34.7km

AM8 — 1999 — LHB
0051

AM6 — 2007 - 2008 — Alstom
0751	'Stöckheim'	0754	0757	0760
0752		0755	0758	0761
0753		0756	0759	0762

AM6 — 1972 - 1973 — Duewag
Note: 7358 has been transferred to fire brigade for use in exercises

7356 | 7358(w)

B4 — 1974 — Duewag
7471 | 7472 | 7473 | 7474 | 7475 | 7476

Braunschweig (cont)

AM6		1975		Duewag			
7553	7554						

AM6		1977		LHB			
7751	7753	7755	7757	7759	7761		
7752	7754	7756	7758	7760			

B4		1977		LHB			
7771	7772	7773	7774	7775	7776		

AM6		1980 - 1981		LHB			
8151	8154	8157	8159	8161	8164		
8152	8155	8158	8160	8162	8165		
8153	8156						

B4		1981		LHB			
8171	8173	8175	8177	8179	8181		
8172	8174	8176	8178	8180	8182		

B4		1984		LHB			
8471	8472						

AM6		1995		Adtranz / LHB			
9551	9553	9555	9557	9559	9561		
9552	9554	9556	9558	9560	9562		

Works Cars

No	Type	Builder	Date	No	Type	Builder	Date
187	2xZR	LHB/Pietsch	1987	452	2xZR	Eigenbau	1946
287	2xZR	LHB/Schmidt	1987	482	6xGel2ER	LHB	1981

Historic Trams

No	Type	Builder	Date	No	Type	Builder	Date
15	6xGel2ER	LHB	1968	113	2xZR	Crede	1940
35	6xGel2ER	Duewag	1962	201	4xGrER	DWM	1957
82	2xZR	Dessau	1927	250	2xZR	Uerdingen	1938
103	2xZR	Herbrand	1898				

Bremen   1876   1435mm   63.2km

AM8		1993 - 1995		MAN / AEG			
3001	3015	3029	3043	3056	3070		
3002	3016	3030	3044	3057	3071		
3003	3017	3031	3045	3058	3072		
3004	3018	3032	3046	3059	3073		
3005	3019	3033	3047	3060	3074		
3006	3020	3034	3048	3061	3075		
3007	3021	3035	3049	3062	3076		
3008	3022	3036	3050	3063	3077		
3009	3023	3037	3051	3064	3078		
3010	3024	3038	3052	3065	3079		
3011	3025	3039	3053	3066	3080		
3012	3026	3040	3054	3068	3081		
3013	3027	3041	3055	3069	3082		
3014	3028	3042					

Bremen (cont)

AM8 (Low - floor)   2007 - 2008   Bombardier Flexity Classic

3101	3107	3113	3119	3125	3130	
3102	3108	3114	3120	3126	3131	
3103	3109	3115	3121	3127	3132	
3104	3110	3116	3122	3128	3133	
3105	3111	3117	3123	3129	3134	
3106	3112	3118	3124			

AM4   1973 - 1976   Wegmann

3501	3510	3520	3532	3541	3552	
3502	3512	3521	3533	3542	3553	
3503	3513	3523	3534	3544(w)	3554	
3504	3514	3524	3535	3545	3556	
3505	3515	3525	3536	3546	3556	
3506	3516	3526	3537	3548	3557	
3507	3517	3527(w)	3538	3549	3558	
3508	3518	3528	3539	3550	3559	
3509	3519	3530	3540	3551		

AB4   1973 - 1976   Wegmann

3709	3717	3725	3734	3744	3751	
3710	3718	3726	3735	3745	3752	
3711	3719	3727	3736	3746	3753	
3712	3720	3728	3738	3747	3754	
3713	3721	3729	3739	3748	3755	
3714	3722	3732	3740	3749	3756	
3715	3723	3733(w)	3741	3750	3757	
3716	3724					

Historic Trams

No	Type	Builder	Date	No	Type	Builder	Date
49	T2	Eigenbau	1900	917	GT3	Eigenbau - Hansa	1957
134	T2	Eigenbau	1904	1458	GB4c	Hansa	1967
445	GT4c	Hansa	1967	1727	2xZR	BDM	1948
701	T2	BDM	1947	1806	B4b	Hansa	1954
811	T4b	Hansa	1954	1815	B4b	Esslingen	1954
827	T4b	Hansa	1955				

Bremen (cont)

Works Cars

No	Type	Builder	Date	No	Type	Builder	Date
AT4	2xZR	Eigenbau	1957	L18 II	2xZR	Eigenbau	1987
AT5	2xZR	Eigenbau	1958	SP1	2xZR	Eigenbau	1967
AT6	2xZR	Eigenbau	1957	SP2	2xZR	Eigenbau	1968
EGW	2xZR - T2b	Eigenbau	1954	SW1	2xZR	Eigenbau	1974
GMW11	2xZR	Eigenbau	1982	SW3	2xZR	Eigenbau	1975
GMW12	2xZR	Eigenbau	1986	ZM1	2xZR	Windhoff	1993
GMW13	2xZR	Eigenbau	1986	ZM2	2xZR	?	?
GTL31	2x+2xZR	Eigenbau	1974	3402	GT4a	Hansa	1961
GTL32	2x+2xZR	Eigenbau	1974	3442	GT4b	Hansa	1963
GTL41	2x+2xZR	Eigenbau	1978	3446	GT4c	Hansa	1967
GTL42	2x+2xZR	Eigenbau	1978	3560	GT6b	Wegmann	1977
L16 II	2xZR	Eigenbau	1974	3561	GT6a	Wegmann	1977
L17 II	2xZR	Eigenbau	1979	3985	GT4c	Hansa - Windhoff	1967

Buckower Klienbahn — 1435mm — 4.9km

Class 477 — 1939 — O & K /Bautzen

477 601	877 601				

Class 479 — 1930 — HAWA/RAW

479 601	879 601	479 602	879 602	479 603	879 603

Works Car

14	2x	LEW	1964	

Chemnitz — 1880 — 1435mm — 25.9km

AM6 — 2001 — Adtranz

411	412	413	414	415	416

M4 — 1981 - 1983 — Tatra

497	499	501	502	503	504
498	500				

M4 — 1988 — Tatra

505 (w)	510 (w)	515	520	525	529
506 (w)	511 (w)	516	521	526	530
507	512 (w)	517	522	527	531
508	513	518	523	528	532
509 (w)	514	519	524		

AM6 — 1993 (2005) — ABB 'Variotram'

601					

AM6 — 1999 - 2000 — Adtranz

602	605	607	609	611	613
603	606	608	610	612	614
604					

B4 — 1981 - 1988 — Tatra

749	752	755	757	759	761
750	753	756	758	760	762
751	754				

M2 — 1958 — Gotha (Ex - Naumburg)

802	[33]				

AM6 — 1998 - 2000 — Adtranz

901	903	905	907	909	910
902	904	906	908		

Historic Trams

15	2xZR	Weyer	1925	598	2xZR	Werdau	1929
169	2xZR	Eigenbau - Poge	1920	713	B3D	CKD	1973
251	2xZR	Bautzen - SSW	1929	813	T57	Gotha	1960
306	2xZR	Bautzen - AEG	1928	946	B2 - 62	Gotha	1967
332	2xZR	Bautzen - AEG	1929	1035	2xZR	Schorling	1940
401	T3D	CKD	1968	1331	2xZR	Bautzen - AEG	1929
402	T3D	CKD	1968	1053	2xZR	Schubert/Dittrich	1917
543	2xZR	Niesky	1926	1054	2xZR	Schubert/Hannack	1917
552	2xZR	Bautzen	1927	1073	2xZR	Eigenbau	1909
566	2xZR	Weyer	1927				

Chemnitz (cont)

Works Cars

403	T3D	CKD	1978	408	T3D	CKD	1978
405	T3D	CKD	1969	409	T3D	CKD	1978
406	T3D	CKD	1970	410	T3D	CKD	1978
407	T3D	CKD	1978				

Cottbus — 1903 — 1000mm — 23.7km

AM4/6 — 1979–1990 — Tatra

65

AM6 — 1985 — Tatra

109

AM4/6 — 1979–1990 — Tatra

129	135	139	142	145	148
130	136	140	143	146	149
133	137	141	144	147	150
134	138				

AM4/6 — 1990 — Tatra

158	162	168	169	170	171

Works Cars

No	Type	Builder	Date	No	Type	Builder	Date
92	T57	Gotha	1957	901	T57	Gotha	1957

Historic Trams

13	2xZR	MAN	1928	62	T2 - 62	Gotha	1965
24	2xZR	WU - MAG	1928				

Darmstadt — 1886 — 1000mm — 36.2km

ST7 — 1961 — DMW

25	26	31			

AM8 — 2007 - 2008 — Alstom - Salzgitter - LHB

0775	0778	0781	0784	0787	0790
0776	0779	0782	0785	0788	0791
0777	0780	0783	0786	0789	0792

AM6 — 1976 - 1977 — Waggon Union

7606

AM6 — 1982 — Waggon Union

8209	8214				

AM8 — 1990 - 1991 — Waggon Union

9115	9117	9119	9121	9123	9124
9116	9118	9120	9122		

B4 — 1994 - 1995 — LHB

9425	9430	9435	9440	9445	9450
9426	9431	9436	9441	9446	9451
9427	9432	9437	9442	9447	9452
9428	9433	9438	9443	9448	9453
9429	9434	9439	9444	9449	9454

Darmstadt (cont)

AM8 — 1998 — LHB

9855	9859	9863	9866	9869	9872
9856	9860	9864	9867	9870	9873
9857	9861	9865	9868	9871	9874
9858	9862				

Works Cars

No	Type	Builder	Date	No	Type	Builder	Date
11	ST6	Rathgeber	1955	197	SB6	Rathgeber	1955
12	ST6	Rathgeber	1955	517	2x	?	?
184	SB6	Rathgeber	1952				

Historic Trams

No	Type	Builder	Date	No	Type	Builder	Date
4	2xZR	Eigenbau/Fuchs	1914	101	2xZR	Horney/Rodler	1899
7	2xDampf - Lok	Henschel	1919	132	SB3	Gastell	1927
15	ST6	Rathgeber	1955	154	SB7	Duewag	1965
37	ST2	Gastell	1913	171	SB5	Uerdingen	1947
49	ST2	Gastell	1913	182	SB6	Rathgeber	1951
57	ST3	Gastell/SSW	1925	202	SB6	Rathgeber	1956
66	ST3	Gastell/SSW	1925	301	2xZR	Herbrand	1887
71	ST4	MAN/Gastell/SSW	1929	7608	2xZR	Waggon Union	1977
100	2xZR	Radstatt	1944	8210	2xZR	Waggon Union	1982

Dessau — 1894 — 1435mm — 11.8km

JM8 — 1964–1966 — Duewag

001	003	007			

JM6 — 2001–2002 — Bombardier

301	303	305	307	309	310
302	304	306	308		

Works Cars

No	Type	Builder	Date	No	Type	Builder	Date
005	8xGel3ER	?	1964	G2	2xZR	Schorling	1936
012	GT8	Duewag	1966				

Historic Trams

No	Type	Builder	Date	No	Type	Builder	Date
28	22c	Werdau	1925	101	EB54	Gotha	1955
30	2xAfbZR	Werdau	1948				

Dortmund — 1881 — 1435mm — 75.1km

JM8 — 2007 - 2008 — Bombardier

1	9	17	25	33	41
2	10	18	26	34	42
3	11	19	27	35	43
4	12	20	28	36	44
5	13	21	29	37	45
6	14	22	30	38	46
7	15	23	31	39	47
8	16	24	32	40	

GT8 — 1974 — Duewag

13 (cb)					

Dortmund (cont)

JM8　　　　　　　　　　1978 - 1982　　　　Duewag

104	114	122	131	139	148	
107	115	123	132	141	149	
108	116	124	134	143	150	
109	117	125	135	144	151	
110	118	126	136	145	152	
111	119	127	137	146	153	
112	120	128	138	147	154	
113	121	129				

JM6　　　　　　　　　　1986 - 1994　　　　Duewag

301	309	317	325	333	341
302	310	318	326	334	342
303	311	319	327	335	343
304	312	320	328	336	344
305	313	321	329	337	345
306	314	322	330	338	346
307	315	323	331	339	347
308	316	324	332	340	

JM8　　　　　　　　　　1994 - 1999　　　　Duewag

348	351	354	357	360	363
349	352	355	358	361	364
350	353	356	359	362	

B100S　　　　　　　　1973 - 1975　　　　Duewag (Ex - Bonn)

Renumbering of 73xx and 74xx 2004

401	[7457]	403	[7452]	405	[7453]	407	[7462]	409	[7451]	411	[7464]
402	[7458]	404	[7460]	406	[7461]	408	[7455]	410	[7467]		

Works Cars

No	Type	Builder	Date	No	Type	Builder	Date
902	6xGel2ZR	Duewag	1981	914	2xZR	B&T	1926
911	4xZR	Kunstler	1985	917	4xZR	Kunstler	1982
912	2xZR	B&T	1926	919	2xZR	Eigenbau	1980
913	2xZR	B&T	1926	920	2xZR	Duewag	1950

Historic Trams

11	2xZR	Articulated Tram		252	2xZR	Schondorff	1930
115	2xZR	Herbrand/Uerdingen	1908	279	3xZR Vrb	Westwaggon	1949
217	2xZR	Uerdingen	1925				

Dresden　　　　　　1872　　　　　1450mm　　　　　135km

1960　　　　　　　　　　　　　Gotha T57

601				

M4　　　　　　　　　　1971 - 1983　　　　Tatra Class 224

Prefix 224

001	007	046	054	114	119
002	030	049	056	115	120
004	031	053	057	118	

Dresden (cont)

M4 — 1973 - 1984 — Tatra Class 224

Prefix 224

214	229	242	255	269	283
216	230	243	256	270	284
217	231	244	257	271	285
218	232	245	258	272	286
219	233	246	259	274	287
221	234	247	260	275	288
222	235	248	261	276	289
223	236	249	262	277	290
224	237	250	263	278	291
225	238	251	264	279	292
226	239	252	265	280	293
227	240	253	266	281	294
228	241	254	267	282	295

M4 — 1995 - 1998 — DWA/Siemens Class 232

Also have computer numbers 232 501 - 232 536, 232 581 - 232 593

2501	2511	2521	2531	2541	2584
2502	2512	2522	2532	2542	2585
2503	2513	2523	2533	2543	2586
2504	2514	2524	2534	2544	2587
2505	2515	2525	2535	2545	2588
2506	2516	2526	2536	2546	2589
2507	2517	2527	2537	2547	2590
2508	2518	2528	2538	2581	2591
2509	2519	2529	2539	2582	2592
2510	2520	2530	2540	2583	2593

AM6 — 2006 - 2008 — Bombardier

2601	2608	2615	2622	2629	2635
2602	2609	2616	2623	2630	2636
2603	2610	2617	2624	2631	2637
2604	2611	2618	2625	2632	2638
2605	2612	2619	2626	2633	2639
2606	2613	2620	2627	2634	2640
2607	2614	2621	2628		

2001 - 2002 — Bomb Bau Class 232

Also have computer numbers 232 701 - 232 723

2701	2705	2709	2713	2717	2721
2702	2706	2710	2714	2718	2722
2703	2707	2711	2715	2719	2723
2704	2708	2712	2716	2720	

2003 - 2009 — Bomb Bau Class 232

Also have computer numbers 232 801 - 232 832

2801	2809	2816	2823	2830	2837
2802	2810	2817	2824	2831	2838
2803	2811	2818	2825	2832	2839
2804	2812	2819	2826	2833	2840
2805	2813	2820	2827	2834	2841
2806	2814	2821	2828	2835	2842
2807	2815	2822	2829	2836	2843
2808					

Dresden (cont)

M4 — 1968 - 1979 — Tatra Class 244

Prefix 244

001	009	021	030	040	049
002	011	022	031	041	050
003	013	023	032	042	051
004	014	024	033	043	052
005	016	025	034	044	053
006	017	026	035	047	054
007	018	027	036	048	055
008	020	028	039		

1957 — Gotha B57 Class 251

Prefix 251

601

B4 — 1971 - 1984 — Tatra Class 274

Prefix 274

002	012	027	037	046	054
003	013	028	038	047	055
004	017	029	039	048	056
005	018	030	040	050	058
006	025	031	043	052	060
010	026	032	044	053	063
011					

Works Cars

No	Type	Builder	Date	Other No	No	Type	Builder	Date	Other No
201 001	SF50	Windhoff	1997		202 001	4xER	Schalke	2000	(2001)
201 002	T4D	CKD	1975		202 002	4xER	Schalke	2000	(2002)
201 004	T4DM	CKD	1975		202 003	4xER	Schalke	2000	(2003)
201 005	T4DMS	CKD	1976		202 004	4xER	Schalke	2000	(2004)
201 006	T4DMS	CKD	1976		202 005	4xER	Schalke	2001	(2005)
201 008	T4DMI	CKD	1981		202 021	4xER	Schalke	2000	(2021)
201 009	T4DMI	CKD	1981		202 022	4xER	Schalke	2000	(2022)
201 011	T57	Gotha	1959		202 023	4xER	Schalke	2000	(2023)
201 016	T4DMT	CKD	1977		202 024	4xER	Schalke	2000	(2024)
201 017	TB4D	CKD	1979		202 025	4xER	Schalke	2000	(2025)
201 018	T4DMT	CKD	1977		202 026	4xER	Schalke	2000	(2026)
201 102	2xZR	Riesa	1925		202 027	4xER	Schalke	2001	(2027)
201 113	T57	Gotha	1959		251 011	2xZR	Eigenbau	1984	
201 122	TD4	CKD	1970		251 012	2xZR	Eigenbau	1984	
201 204	TD4	CKD	1975		251 101	2xZR	Raw Eng	1970	

Historic Trams

No	Type	Builder	Other No	Date	No	Type	Builder	Other No	Date
87	2xZR	Eigenbau	251 301	1911	1361	EB54	Gotha	251 306	1956
307	2xZR	Eigenbau	251 302	1912	1362	EB54	Gotha	251 307	1956
309	2xZR	Eigenbau	201 301	1902	1413	B57	Gotha	251 309	1959
598	2xZR	Eigenbau	201 306	1911	1512	T57	Gotha	201 311	1960
734	2xER	Busch	201 305	1913	1538	ET54	Gotha	201 308	1956
765	2xZR	Eigenbau	201 312	1920	1587	T57	Gotha	201 310	1959
937	2xZR	Eigenbau	201 302	1927	1644	2xZR	Busch	201 309	1925
1029	2xER	Lindner	251 310	1925	1716	4xZR	Busch	201 303	1931
1135	2xZR	Eigenbau	251 304	1919	1734	T4-62	Gotha	201 313	1963
1219	2xZR	Eigenbau	251 305	1925	1820	2xZR	Busch	201 304	1938
1314	2xZR	Niesky	251 303	1929	2000	TD4	CKD	201 314	1967

Dresden (cont)

Historic Trams (cont)

2015	B4-62	Gotha	251 314	1964	222 998	TD4	CKD	201 315	1968
3091	2xZR	Henschel		1905	226 001	T6A2	CKD	201 316	1985
3156	2xZR	Eigenbau	251 313	1932	251 102	2xZR	Eigenbau		1974
3207	2xZR	Johannisthal	251 312	1955	251 501	2xZR	Eigenbau		1969
3301	2xZR	?	251 316	1921	263 011	B57	Gotha	251 308	1957
3406	2xZR	Eigenbau	251 311	1920	272 105	B4D	CKD	251 315	1971
201 101	2xZR	LHB/SSW		1928					

Dusseldorf   1876   1435mm   145.5km

B4 — 1960 - 1961 — Duwag

1633	1645	1656	1670	1682	1692	
1636	1647	1658	1672	1685	1697	
1637	1648	1661	1675	1686	1698	
1639	1651	1663	1676	1689	1699	
1641	1653	1667	1679	1691	1700	
1644	1655	1668	1680			

AM10 — 2000 - 2002 — Siemens Type NF10

2001	2007	2013	2019	2025	2031	
2002	2008	2014	2020	2026	2032	
2003	2009	2015	2021	2027	2033	
2004	2010	2016	2022	2028	2034	
2005	2011	2017	2023	2029	2035	
2006	2012	2018	2024	2030	2036	

AM8 — 1996 - 1999 — Duewag Type NF6

2101	2109	2117	2125	2133	2141	
2102	2110	2118	2126	2134	2142	
2103	2111	2119	2127	2135	2143	
2104	2112	2120	2128	2136	2144	
2105	2113	2121	2129	2137	2145	
2106	2114	2122	2130	2138	2146	
2107	2115	2123	2131	2139	2147	
2108	2116	2124	2132	2140	2148	

AM8 — 2002 - 2004 — Siemens

2201	2204	2207	2210	2212	2214	
2202	2205	2208	2211	2213	2215	
2203	2206	2209				

AM6 — 1956 - 1961 — Duwag

2432						

AM6 — 1956 - 1958 — Duwag

2515	2517					

AM8 — 1968 - 1969 — Duwag Type GT8

2651	2656	2660	2664	2668	2671	
2653	2657	2661	2665	2669	2672	
2654	2658	2662	2666	2670	2673	
2655	2659	2663	2667			

AM8 — 1965 — Duwag

2753	2754	2756	2758	2761		

Dusseldorf (cont)

AM8 — 1965 — Duwag

2965	2967	2968			

AM8 — 1974 - 1975 — Duewag

3201	3208	3215	3220	3225	3230
3202	3209	3216	3221	3226	3233
3203	3210	3217	3222	3227	3234
3204	3212	3218	3223	3228	3235
3205	3213	3219	3224	3229	3236
3207	3214				

AM8 — 2006 - 2008 — Siemens

3301	3304	3307	3310	3312	3314
3302	3305	3308	3311	3313	3315
3303	3306	3309			

AM8 — 2010 - 2012 — Siemens

3316	3329	3342	3355	3368	3380
3317	3330	3343	3356	3369	3381
3318	3331	3344	3357	3370	3382
3319	3332	3345	3358	3371	3383
3320	3333	3346	3359	3372	3384
3321	3334	3347	3360	3373	3385
3322	3335	3348	3361	3374	3386
3323	3336	3349	3362	3375	3387
3324	3337	3350	3363	3376	3388
3325	3338	3351	3364	3377	3389
3326	3339	3352	3365	3378	3390
3327	3340	3353	3366	3379	3391
3328	3341	3354	3367		

AM6 — 1981 — Duewag

4002	4004	4006	4008	4010	4012
4003	4005	4007	4009	4011	

AM6 — 1988 — Duewag

4101	4102	4103	4104		

AM6 — 1985 - 1988 — Duewag

4201	4213	4225	4237	4248	4259
4202	4214	4226	4238	4249	4260
4203	4215	4227	4239	4250	4261
4204	4216	4228	4240	4251	4262
4205	4217	4229	4241	4252	4263
4206	4218	4230	4242	4253	4264
4207	4219	4231	4243	4254	4265
4208	4220	4232	4244	4255	4266
4209	4221	4233	4245	4256	4267
4210	4222	4234	4246	4257	4268
4211	4223	4235	4247	4258	4269
4212	4224	4236			

AM6 — 1992 - 1993 — Duewag

4270	4274	4277	4280	4283	4286
4271	4275	4278	4281	4284	4287
4272	4276	4279	4282	4285	4288
4273					

Dusseldorf (cont)

Works Cars

No	Type	Builder	Date	No	Type	Builder	Date
5101	4xGrER	Duewag	1954	5231	2xZR Vrb	Duewag	1950
5105	6xGel2ER	Duewag	1958	5305	2xER	Eigenbau	1984
5111	2xZR	Schondorff	1925	5321	4xZR	Eigenbau	1976
5164	4xGrZR	Duewag	1953				

Historic Trams

No	Type	Builder	Date	No	Type	Builder	Date
14	T2	Siegen	1948	797	B2	Schondorff	1925
17	2xZR	Schondorff/Duewag	1926	858	B2	Schondorff	1929
A21	2xZR	Siegen	1944	954	T2	Schondorff	1928
43	B2	Siegen	1950	1206	B4	Duewag	1966
51	4xZR	Weyer	1913	1269	K66	Duewag	1966
100	2xZR	AEG	1924	1629	B4	Duewag	1955
119	4xZR	Duewag	1936	2014	T4	Duewag	1954
239	T2	Zypen	1925	2151	8xGel3ER	Duewag	1966
267	T2	Duewag	1937	2498	GT8	Duewag	1960
316	B2	Duewag	1937	2501	GT6	Duewag	1956
322	?	KWS	1947	2701	GT6	Duewag	1961
332	B2	Uerdingen	1947	3199	2xZR	Uerdingen	1929
378	T2	Duewag	?	3365	2xZR	?	?
379	T2	Duewag	1950	3399	2xZR	Hellmers	1942
380	T2	Duewag	1950	3601	3xGel2ER	WU	1990
583	2xZR	Weyer	1920	5233	2xZR	Duewag	1950
616	2xZR	Carris - Lisboa	1935	5278	2xZR	Duewag	1950
643	B2	Duewag	1954	5304	2xZR	?	1926

Duisburg 1881 1435mm 57.7km

AM10 1966 Duwag

1000							

AM10 1986 - 1993 Duewag

1001	1009	1017	1025	1032	1039
1002	1010	1018	1026	1033	1040
1003	1011	1019	1027	1034	1041
1004	1012	1020	1028	1035	1042
1005	1013	1021	1029	1036	1043
1006	1014	1022	1030	1037	1044
1007	1015	1023	1031	1038	1045
1008	1016	1024			

AM6 1997 Adtranz

2000							

AM6 1983 - 1985 Duewag

4701	4704	4707	4710	4713	4716
4702	4705	4708	4711	4714	4717
4703	4706	4709	4712	4715	4718

Works Cars

No	Type	Builder	Date	No	Type	Builder	Date
3001	DH60 - 189	TransLok	2002	3272	2xZR	Duewag	1948
3002	DH420 - 193	TransLok	2002	3280	4xZR	Eigenbau	1986
3051	8xGel3ZR	Duewag	1963	3379	2xZR	Eigenbau	1930

Historic Trams

No	Type	Builder	Date	No	Type	Builder	Date
23	2xZR	Uerdingen	1912	177	6xGel2ZR	Harkort	1926

Erfurt   1883   1000mm   36.4km

AM4   1975 - 1979   Tatra

401	405	428	435	437	

AM4   1981 - 1983   Tatra

450	458	475	478	486	489
451	460	476	481	487	490
456	474	477	484	488	

AM4   1986 - 1990   Tatra

494	504	510	515	521	526
495	506	511	517	522	527
499	507	512	518	523	528
502	508	513	519	524	530
503	509	514	520	525	537

AM6   1994 - 1998   Duewag

601	604	607	610	613	615
602	605	608	611	614	616
603	606	609	612		

AM6   2000 - 2005   Siemens Combino

621	625	629	633	637	641
622	626	630	634	638	642
623	627	631	635	639	643
624	628	632	636	640	644

AM6   2000 - 2005   Siemens Combino (cont)

645	647	649	651	653	655
646	648	650	652	654	656

AM4   2002 - 2004   Siemens Combino

701	703	705	707	709	711
702	704	706	708	710	712

AM4   2009 -   Siemens Combino Classic

Note: 12 three-section trams have been ordered but no info yet

Works Cars

No	Type	Builder	Date	No	Type	Builder	Date
2	T2D	CKD/LEW	1968	190	G4 - 65	Gotha	1967
3	T2D	CKD/LEW	1967	274	B2 - 64	Gotha	1967
13	2xER	?	?	275	B2 - 65	Gotha	1969
15	2x	Eigenbau	1970	430	KT4D	CKD	1979
21	G4 - 65	Gotha/LEW	1967	?	B2 - 64	Gotha	1954
178	G4 - 65	Gotha	1965				

Historic Tram

92	2xZR	Gotha/AEG	1938

Essen   1893   1000/1435mm   75km

1000mm Gauge

AM8			1979 - 1980		Duewag	
1101	1103	1105	1109	1111	1115	
1102	1104	1106	1110	1113	1116	

AM8			1980 - 1982		Duewag	
1151	1154	1157	1160	1163	1165	
1152	1155	1158	1161	1164	1166	
1153	1156	1159	1162			

AM8			1982 - 1983		Duewag	
1171	1173	1175	1177	1179	1180	
1172	1174	1176	1178			

AM8			1989 - 1990		Duewag	
1401	1404	1407	1410	1412	1414	
1402	1405	1408	1411	1413	1415	
1403	1406	1409				

AM6			1997 - 2001		Adtranz / DWA	
1501	1507	1513	1519	1525	1530	
1502	1508	1514	1520	1526	1531	
1503	1509	1515	1521	1527	1532	
1504	1510	1516	1522	1528	1533	
1505	1511	1517	1523	1529	1534	
1506	1512	1518	1524			

Works Cars

No	Type	Builder	Date	No	Type	Builder	Date
610	4xZR	Riesa	1928	641	SF 60	Windhoff	2000
611	2xV - Lok	Gmeinder	1953	711	4xZR	U&M	1975
613	4xVT	Windhoff	1985	712	4xZR	U&M	1975
614	2xZR	Duewag	1949	721	2xZR	O&K	1929
615	2xZR	Duewag	1948	722	4xZR	Eigenbau	1997
640	4xGrZR	Duewag	1953	723	4xZR	Eigenbau	1998

Historic Trams

No	Type	Builder	Date	No	Type	Builder	Date
144	2xZR	Uerdingen	1921	1501	4xGrER	Duewag	1951
350	2xZR	Duewag	1957	1753	GT8 - ZR	Duewag	1962
705	2+2Gel3ZR	Duewag	1959	2521	4xGrER	Duewag	1962
888	2xZR	Duewag	1949				

1435mm Gauge

AM6			1976		Duewag	
5012	5013	5014	5015	5016		

AM6			1976		Duewag	
5101	5103	5105	5107	5109	5111	
5102	5104	5106	5108	5110		

AM6			1978		Duewag	
5121	5123	5125	5126	5127	5128	
5122	5124					

Essen (cont)

AM6 — 1985 — Duewag

5141	5142	5143	5144	5145	

AM6 — 1986 — LHB (Ex - Docklands Light Rly)

As these vehicles are being refurbished they are renumbered by adding 30 to their existing numbers

5231	[5201]	5233	[5203]	5235	[5205]	5237	[5207]	5239	[5209]
5232	[5202]	5234	[5204]	5236	[5206]	5238	[5208]	5240	[5210]
5241	[5211]								

AM6 — 1989 - 1990 — BREL (Ex - Docklands Light Rly)

5221	5223	5225	5227	5229	5236
5222	5224	5226	5228	5230	

Works Cars

No	Type	Builder	Date	No	Type	Builder	Date
651	2xV - Lok	Schoma	1975	761	2xZR	Schoma	1975
653	SF 60	Windhoff	2000	762	2xZR	Schoma	1975
654	2xZR	Duewag	1950	763	2xZR	Schoma	1975
751	4xZR	Duewag	1977				

Historic Tram

No	Type	Builder	Date
500	2xZR	Rastatt	1930

Frankfurt - Am - Main   1872   1435mm   119.4km

Surface Trams

AM6 — 1993 - 1997 — Duewag

001	012	022 "Toronto"	032	
002	013	023	033	
003	014	024 "Budapest"	034	
004	015	025	035	
005	016	026 "Tel Aviv"	036	
006	017	027 "Milano"	037	
007	018	028 "Lyon"	038	
008	019	029	039	
009	020	030	040	
011	021	031 "Leipzig"		

L — 1957 — Duewag

124				

AM6 — 2003 - 2006 — Bombardier

201	212	223	234	245	256
202	213	224	235	246	257
203	214	225	236	247	258
204	215	226	237	248	259
205	216	227	238	249	260
206	217	228	239	250	261
207	218	229	240	251	262
208	219	230	241	252	263
209	220	231	242	253	264
210	221	232	243	254	265
211	222	233	244	255	

AM8 — 1963 — Duewag

812				

AM8		1969		Duewag		
902	903	905	906	908		

Works and Special Trams

Type 2xZR		1954		Crede		
105	106	107	108			

M		1959		Duewag		
602						

Type 2xZR		1954 - 55		Fuchs		
1703	1705	1706	1712	1723	1724	

Type 2xZR		1954		Crede		
2000	2002	2004	2013	2014	2015	
2001	2003					

Type 4xZR		1989		Eigenbau		
2016						

Type 3xE - LOK		1926		Schwartzkopff		
2020						

Type 4xV - TW		1995		Schoma		
2042						

AM6		1972		Duewag		
2050	[664]					

Type 2xZR		1933 - 1967		Eigenbau		
2103	2111					

Type 4xZR		1980		Talbot		
2125	2126	2127				

Type 4xZR		1924 - 1981		Eigenbau		
2132	2135	2137				

Historic Trams

No	Type	Builder	Date	No	Type	Builder	Date
2	2xDampf - Lok	Hagans	1900	580	J	Fuchs	1947
8	2xZR	Herbrand/S&H	1884	778	C	Talbot	1911
13	2xZR	Herbrand	1884	957	D	Gastell	1914
15	R	Werdau	1908	1001	U1 (U - Bahn)	Duewag	1965
104	K	Crede	1954	1219	L	Duewag	1956
167	2xZR	?	1900	1300	4xZR	Uerdingen	1923
236	L	Duewag	1956	1396	V	Uerdingen	1910
345	B	Werdau	1908	1468	I	Uerdingen	1946
375	C	Herbrand	1913	1508	F	Uerdingen	1926
392	D	Gastell	1914	1559	H	Uerdingen	1938
400	V	Uerdingen	1910	1684	KA	Fuchs	1953
411	F	Uerdingen	1925	1725	K	Fuchs	1955
510	HK	Westwaggon	1950	2329	2xZR	Eigenbau	1937

Historic Trolleybus

55	2x	Bussing/Ludewig/Kiepe	1963

Frankfurt - Am - Main (cont)

Metro Trams

AM6   1968 - 1971   Duewag

303	311	319	327	334	341
304	312	320	328	335	342
305	313	321	329	336	343
306	314	322	330	337	344
307	315	323	331	338	345
308	316	324	332	339	346
309	317	325	333	340	347
310	318	326			

AM6   1975 - 1978   Duewag

348	357	366	375	384	392
349	358	367	376	385	393
350	359	368	377	386	394
351	360	369	378	387	395
352	361	370	379	388	396
353	362	371	380	389	397
354	363	372	381	390	398
355	364	373	382	391	399
356	365	374	383		

AM6   1984 - 1985   Duewag

400	402	403	404	405	406
401					

AM6   1979 - 1980   Duewag

451	456	461	466	470	474
452	457	462	467	471	475
453	458	463	468	472	476
454	459	464	469	473	477
455	460	465			

AM6   1995   Duewag

501	504	507	510	513	516
502	505	508	511	514	517
503	506	509	512	515	518

AM6   1997 - 1998   Duewag

519	523	527	531	534	537
520	524	528	532	535	538
521	525	529	533	536	539
522	526	530			

AM6   1972 - 1973   Duewag

Note: Car 663 has passed to the fire brigade for training purposes.

653	677	686	694	702	710
663	678	687	695	703	711
665	680	688	696	704	712
667	681	689	697	705	713
671	682	690	698	706	714
674	683	691	699	707	715
675	684	692	700	708	716
676	685	693	701	709	

Frankfurt - Am - Main (cont)

AM6 — 1977 - 1978 — Duewag

717	723	729	735	741	746
718	724	730	736	742	747
719	725	731	737	743	748
720	726	732	738	744	749
721	727	733	739	745	750
722	728	734	740		

Frankfurt - An Der - Oder 1898   1000mm   25.1km

AM4 — 1987 - 1990 — Tatra

201	206	214	218	222	226
202	207	215	219	223	227
203	210	216	220	224	228
204	212	217	221	225	229
205	213				

AM6 — 1994 - 1995 — AEG

301	303	305	306	307	308
302	304				

Works Cars

No	Type	Builder	Date	No	Type	Builder	Date
1	2x+2xGel3ER	Gotha	1961	3	T58	Gotha	1957
2	T57	Gotha	1960				

Historic Trams

No	Type	Builder	Date	No	Type	Builder	Date
29	T57	Gotha	1959	49	T2 - 64	Gotha	1964
38	ET54	Gotha	1956	60	2xZR	Wismar/AEG	1936
41	2xZR	Wismar/AEG	1936	113	B57	Gotha	1957

Freiburg - Im - Breisgau 1901   1000mm   24.1km

AM8 — 1981 - 1982 — Duewag

206 (s)	210	211	212	213	214

AM8 — 1990 — Duewag

221	223	225	227	229	231
222	224	226	228	230	

AM8 — 1993 - 1994 — Duewag

241	246	251	255	259	263
242	247	252	256	260	264
243	248	253	257	261	265
244	249	254	258	262	266
245	250				

AM8 — 1999 - 2000 — Duewag Combino Basic

271	273	275	277	278	279
272	274	276			

AM8 — 2004 - 2006 — Siemens Combino Advance

281	283	285	287	289	290
282	284	286	288		

Freiburg - Im - Breisgau (cont)

Works Cars

No	Type	Builder	Date	No	Type	Builder	Date
100	GT4	Rastatt	1959	405	2xZR	Rastatt	1951
121	GT4	Rastatt	1968	407	2xZR	Schoma	1982
401	2xZR	Rastatt	1951	411	2xZR	Diema	1982
402	2xZR	Rastatt	1951	414	2xZR	Schorling	1930
404	2xZR	Rastatt	1951				

Historic Trams

No	Type	Builder	Date	No	Type	Builder	Date
2	2xZR	HAWA	1901	109	GT4	Esslingen	1962
38	2xZR	MAN	1909	135	2xZR	Rastatt	1951
45	2xZR	MAN	1914	142	2xZR	Rastatt	1951
56	2xZR	Rastatt	1927	205	2xZR	Duewag	1981
107	GT4	Esslingen	1962				

Gera   1892   1000mm   14.5km

AM4		2006 - 2008		Alstom			
201	203	205	207	209	211		
202	204	206	208	210	212		

AM4		1978 - 1981		Tatra			
301	303	305	307	309	310		
302	304	306	308				

AM4		1981		Tatra			
311							

AM4		1982 - 1988		Tatra			
312	313	314	315	316	320		

AM4		1979		Tatra			
346							

AM4		1981		Tatra			
347							

AM8		1990		Tatra			
348	349	350	351	352			

AM4		1990		Tatra			
353							

Historic Trams

No	Type	Builder	Date	No	Type	Builder	Date
12	2xZR	MAN	1928	29	2xZR	MAN/AEG	1905
16	ET54	Gotha	1955	248	B57	Gotha	1959

Works Car

No	Type	Builder	Date	No	Type	Builder	Date
104	T4DMT	CKD	1984	152	B4	Tatra	1984
106	T4DC	CKD	1981	202	EB50	Wer	1951
111	KT4Dt	CKD	1985				

Gorlitz   1882   1000mm   12.9km

AM4		1983 - 1990		Tatra		
301	303	305	307	309	311	
302	304	306	308	310		

AM4		1988		Tatra		
312	313	314	315	316		

AM4		1979		Tatra		
317	318	319				

Works Car

No	Type	Builder	Date
322	GT6	Duwag	1971

Historic Trams

No	Type	Builder	Date	No	Type	Builder	Date
23	2xZR	Gorlitz/AEG	1928	29	2xZR	Konigsberg/AEG	1897

Gotha   1894   1000mm   25.3km

AM4		1981 - 1982		Tatra		
301	302	303	304	305	306	

AM4		1990		Tatra		
307	309	311	312	313	314	
308						

GT6		1960 - 67		Duewag (Ex - Mannheim)		
318	324	395	396	442		

GT6M		1962/1958		Duewag (Ex - Bochum)		
528						

AM4		1986 - 1990		Tatra KT4D (Ex - Erfurt)		
533	542	543	549	553		

Works Cars

No	Type	Builder	Date	No	Type	Builder	Date
38	ET55	Gotha/LEW	1955	121	2x	Eigenbau	1971
47	T57	Gotha/LEW	1963	123	2x	Eigenbau	1970
010	T7	Gotha/AEG	1929	124	SKL	DR	1978
117	2x	Eigenbau	1982	125	SKL	DR	1978
118	2x	Eigenbau	1982	126	2x	Eigenbau	1984
119	2x	Eigenbau	1978				

Historic Trams

No	Type	Builder	Date	No	Type	Builder	Date
39	ET55	Gotha	1955	93	B57	Gotha	1956
43	T57	Gotha	1956	101	2xZR	Gotha	1928
56	T7	Gotha/AEG	1929	215	G4 - 61	Gotha	1967
82	B2	Gotha	1928				

Halberstadt — 1897 — 1000mm — 9km

AM4 — 2007 — LBF 'Leoliner'

1	2	3	4	5	

AM4 — 1962 - 1967 — Esslingen

156(s)	164(s)	166			

AM4 — 1967 — Esslingen (Ex - Nordhausen)

167(s)	168(s)				

Historic Trams

No	Type	Builder	Date		No	Type	Builder	Date
29	TZ70	Raw	1975		39	T57	Gotha	1960
30	T2 - 62	Gotha	1966		61	B2 - 64	Gotha	1969
31	2xZR	Lindner	1939		156	AM4	Esslingen	1967
36	ET54	Gotha	1956					

Halle — 1882 — 1000mm — 73.6km

B4 — 1981 - 1996 — Tatra

176	186	195	203	211	218
178	188	196	204	212	219
179	189	197	205	213	220
180	190	198	206	214	221
182	191	200	207	215	222
183	192	201	208	216	223
184	193	202	210	217	224
185					

AM6 — 1993 — Duewag

500	501				

AM6 — 1996 - 1999 — Duewag

601	610	619	627	635	643
602	611	620	628	636	644
603	612	621	629	637	645
604	613	622	630	638	646
605	614	623	631	639	647
606	615	624	632	640	648
607	616	625	633	641	649
608	617	626	634	642	650
609	618				

AM6 — 2000 - 2001 — Duewag

651	653	655	657	659	660
652	654	656	658		

AM4 — 2002 - 2005 — Bombardier

661	666	671	676	681	686
662	667	672	677	682	687
663	668	673	678	683	688
664	669	674	679	684	689
665	670	675	680	685	690

ZT4D — 1969 — CKD

902					

Halle (cont)

T4D		1971/1978	CKD			
903	931					

WT4D		1977	CKD			
1030	1031					

T4D		1979 - 81	CKD			
1080	1086	1111	1125	1127	1129	
1084	1100	1115	1126			

T4		1981 - 1986	Tatra CKD			
1131	1139	1146	1153	1161	1169	
1132	1140	1147	1154	1162	1170	
1133	1141	1148	1155	1163	1171	
1134	1142	1149	1156	1164	1172	
1135	1143	1150	1157	1166	1173	
1136	1144	1151	1158	1167	1175	
1137	1145	1152	1160	1168	1176	

T4		1981 - 1986	Tatra CKD (cont)			
1177	1187	1196	1203	1210	1217	
1178	1188	1197	1204	1211	1218	
1179	1190	1198	1205	1212	1219	
1180	1191	1199	1206	1213	1220	
1181	1192	1200	1207	1214	1221	
1182	1193	1201	1208	1215	1222	
1183	1194	1202	1209	1216	1223	
1184	1195					

Works Cars

No	Type	Builder	Date	No	Type	Builder	Date
013	T60E	Gotha	1960	0055	2x	Robel	1999
034	T4D	CKD	1978	0056	2x	Robel	1999
035	T4D	CKD	1983	0057	2x	Robel	1999
985	T4D	CKD	1974	0058	2x	Robel	1999
0011	2x	Eigenbau	1983	0059	2x	Robel	2002
0052	2x	Eigenbau	1984				

Historic Trams

No	Type	Builder	Date	No	Type	Builder	Date
2	2xZR	MAN/SSW	1911	401	2xZR	Lindner/SSW	1928
4	2xZR	AEG	1894	403	2xZR	Lindner/SSW	1928
6	2xZR	Gotha/ AEG	1938	410	2xZR	Lindner/SSW	1928
M6	2xZR	?	1931	505	ET50	Werdau	1952
15	2xZR	Gotha/SSW	1909	506	B2 - 64	Gotha	1967
78	2xZR	Lindner/AEG	1912	523	T57	Gotha	1961
101	B4D	CKD	1967	644	2xZR	Lindner/SSW	1927
109	2xZR	Wismar	1921	772	T2D	CKD	1967
141	2xZR	Schondorff	1925	900	ZT4D	CKD	1969
151	2xZR	Gotha/SSW	1926	901	T4D	CKD	1971
158	2xZR	Gotha/SSW	1926	0012	2x	Eigenbau	1930
193	4xZR	Lindner	1941	0013	2x	Eigenbau	1949
260	2xZR	Niesky	1925	0014	2x	Eigenbau	?
269	2xZR	Niesky	1925	0022	2x	Eigenbau	1929
328	EB54	Gotha	1956	0023	2x	Eigenbau	1922
385	B2 - 64	Gotha	1965	0054	2x	Eigenbau	1988

Hannover		1872		1435mm		108.4km
AM8		1997 - 2000		LHB		
2001	2009	2017	2025	2033	2041	
2002	2010	2018	2026	2034	2042	
2003	2011	2019	2027	2035	2043	
2004	2012	2020	2028	2036	2044	
2005	2013	2021	2029	2037	2045	
2006	2014	2022	2030	2038	2046	
2007	2015	2023	2031	2039	2047	
2008	2016	2024	2032	2040	2048	
AM8		1997 - 2000		LHB		
2501	2517	2533	2549	2565	2581	
2502	2518	2534	2550	2566	2582	
2503	2519	2535	2551	2567	2583	
2504	2520	2536	2552	2568	2584	
2505	2521	2537	2553	2569	2585	
2506	2522	2538	2554	2570	2586	
2507	2523	2539	2555	2571	2587	
2508	2524	2540	2556	2572	2588	
2509	2525	2541	2557	2573	2589	
2510	2526	2542	2558	2574	2590	
2511	2527	2543	2559	2575	2591	
2512	2528	2544	2560	2576	2592	
2513	2529	2545	2561	2577	2593	
2514	2530	2546	2562	2578	2594	
2515	2531	2547	2563	2579	2595	
2516	2532	2548	2564	2580	2596	
AM8		1974 - 1978		Duewag		
6001						
AM8		1979 - 1993		LHB / Duewag		
6101	6125	6150	6174	6198	6222	
6102	6126	6151	6175	6199	6223	
6103	6127	6152	6176	6200	6224	
6104	6128	6153	6177	6201	6225	
6105	6129	6154	6178	6202	6226	
6106	6130	6155	6179	6203	6227	
6107	6131	6156	6180	6204	6228	
6108	6132	6157	6181	6205	6229	
6109	6133	6158	6182	6206	6230	
6110	6134	6159	6183	6207	6231	
6111	6135	6160	6184	6208	6232	
6112	6136	6161	6185	6209	6233	
6113	6137	6162	6186	6210	6234	
6114	6138	6163	6187	6211	6235	
6115	6140	6164	6188	6212	6236	
6116	6141	6165	6189	6213	6237	
6117	6142	6166	6190	6214	6238	
6118	6143	6167	6191	6215	6239	
6119	6144	6168	6192	6216	6240	
6120	6145	6169	6193	6217	6241	
6121	6146	6170	6194	6218	6242	
6122	6147	6171	6195	6219	6243	
6123	6148	6172	6196	6220	6244	
6124	6149	6173	6197	6221	6245	

Hannover (cont)

AM8 (cont)

6246	6249	6252	6255	6257	6259
6247	6250	6253	6256	6258	6260
6248	6251	6254			

Historic Trams

No	Type	Builder	Date	No	Type	Builder	Date
84	2xZR	Zypen	1892	808	2xZR	Schorling	1937
129	2xZR	Nordwaggon	1927	809	2xZR	Schorling	1948
130	2xZR	Zypen	1900	1034	2xZR	HAWA	1929
168	2xZR	Jacobi	1893	1039	2xZR	HAWA	1929
178	2xZR	HAWA	1928	1063	2xZR	Uerdingen	1945
225	2xER	Crede	1941	1078	2xZR	Uerdingen	1947
239	2xZR	Duewag	1950	1304	4xGrER	Duewag/LHB	1952
336	4xGrER	Duewag/LHB	1955	1464	4xGrER	Duewag	1958
478	4xGrER	Duewag	1956	1513	4xGrER	Duewag/LHB	1962
522	6xGel2ER	Duewag	1962	1805	2xZR	HAWA	1925
710	4xZR	Uerdingen	1927	1818	2xZR	HAWA	1925
801	2xZR	HAWA	1928	1824	2xZR	USTRA	1956
804	2xZR	HAWA	1928	1830	2xZR	USTRA	1970
805	2xZR	Schorling	1930				

Hannover (cont)

Works Cars

No	Type	Builder	Date	No	Type	Builder	Date
802	2xZR	HAWA	1928	825	2xZR	Duewag	1950
803	2xZR	HAWA	1928	841	6xGel2ZR	LHB	1985
806	2xZR	Schorling	1930	1813	4xZR	Eigenbau	1956
807	2xZR	Schorling	1930	1814	4xZR	Eigenbau	1956
821	2xZR	Duewag	1950	1832	4+4xZR	Cemafer	1971
822	2xZR	Duewag	1950	1841	2xZR	Eigenbau	1978
823	2xZR	Duewag	1950	1851	2xZR	Eigenbau	1980
824	2xZR	Duewag	1950	1852	2xZR	Eigenbau	1980

Heidelberg [RNV]   1885   1000mm   20.7km

With the introduction of a standard livery it has been decided to add a numerical prefix to fleet numbers to show which undertaking the tram belongs to. Not all trams carry this prefix.
1 RHB   2 Ludwigshafen   3 Heidelberg   4 OEG   5 Mannheim

AM8   1998 - 2007   Bombardier Variotram

101	110	119	128	137	146
102	111	120	129	138	147
103	112	121	130	139	148
104	113	122	131	140	149
105	114	123	132	141	150
106	115	124	133	142	151
107	116	125	134	143	152
108	117	126	135	144	
109	118	127	136	145	

AM8   1975   Duewag

Note: Car 201 is withdrawn for spare parts.

| 202 | 204 | | | | |

Heidelberg (cont)

AM6 — 1973 — Duewag

230	233	235	239	241	244
232	234	236	240	243	

AM8 — 1985 - 1986 — Duewag

251	253	255	256	257	258
252	254				

AM6 — 1994 - 1995 — Duewag

261	263	265	267	269	270
262	264	266	268		

AM6 — 2002 - 2003 — Bombardier

271	273	275	277	279	280
272	274	276	278		

AM8 — 2009- — Bombardier Variotram

3281	3283	3285	3286	3287	3288
3282	3284				

Works Cars

No	Type	Builder	Date
200	6xGel2ZR	Duewag	1964

Historic Trams

6	2xZR	?	?	80	2xZR	Fuchs	1956
44	4xZR	Fuchs	1925				

Jena — 1901 — 1000mm — 21.9km

M2 — 1957 - 1961 — Gotha

103	115	118			

B2 — 1959 - 1961 — Gotha

152	154	158	161	163	165
153	157	160	162	164	

B2 — 1959 - 1960 — Gotha

166	167				

B2 — 1970 - 1975 — RAW

178	181				

AM6 — 1995 - 1997 — Adtranz

601	605	608	611	614	617
602	606	609	612	615	618
603	607	610	613	616	619
604					

AM6 — 2002 - 2004 — Bombardier

620	623	626	628	630	632
621	624	627	629	631	633
622	625				

Jena (cont)

Works Cars

No	Type	Builder	Date	No	Type	Builder	Date
105	T57	Gotha	1960	341	2xZR	Eigenbau	1924
145	T2 - 64	Gotha	1964	583	T57	Gotha	1958
197	B2D	CKD	1968	666	GT6	Duewag	1968
199	B2 - 64	Gotha	1967				

Historic Trams

No	Type	Builder	Date	No	Type	Builder	Date
26	2xZR	Gotha	1929	155	B57	Gotha	1959
27	ET50	Werdau	1951	156	B57	Gotha	1959
101	T57	Gotha	1958	187	BZ70/1	Raw	1971
134	TZ70/1	Raw	1973	189	BZ70/1	Raw	1973

Karlsruhe   1877   1435mm   63.3km (Urban) 286km (Regional)

AM8		1966 - 1969		Duewag		
116	117	119				

AM8		1975		Waggon Union		
124	125					

AM8		1964 - 1969		DWN		
193	195	197	198	199		

AM8		1972 - 1978		Waggon Union		
202	205	208	210	212	214	
203	206	209	211	213	215	
204	207					

AM6		1995 - 1996		Duewag		
221	225	229	232	235	238	
222	226	230	233	236	239	
223	227	231	234	237	240	
224	228					

GT6		2004 - 2005		Duewag (Low Floor)		
241	246	250	254	258	262	
242	247	251	255	259	263	
243	248	252	256	260	264	
244	249	253	257	261	265	
245						

AM8		1999 - 2000		Duewag		
301	306	310	314	318	322	
302	307	311	315	319	323	
303	308	312	316	320	324	
304	309	313	317	321	325	
305						

AM6		1983 - 1984		Waggon Union		
501	505	509	512	515	518	
502	506	510	513	516	519	
503	507	511	514	517	520	
504	508					

Karlsruhe (cont)

AM8 — 1989 - 1992 — Duewag

551	556	561	566	571	576
552	557	562	567	572	577
553	558	563	568	573	578
554	559	564	569	574	580
555	560	565	570	575	

AM8 — 1997 — Duewag

581	583	585	587	589	590
582	584	586	588		

AM8 — 2007 — Duewag

601	604	607	610	612	614
602	605	608	611	613	615
603	606	609			

AM8 — 1991 - 1995 — Duewag

801	807	813	819	825	831
802	808	814	820	826	832
803	809	815	821	827	833
804	810	816	822	828	834
805	811	817	823	829	835
806	812	818	824	830	836

AM8 — 1996 - 1997 — Duewag

837	841	845	849	852	855
838	842	846	850	853	856
839	843	847	851	854	857
840	844	848			

AM8 — 1999 - 2000 — Duewag

858	862	866	869	872	875
859	863	867	870	873	876
860	864	868	871	874	877
861	865				

AM8 — 2002 - 2004 — Duewag

878	884	890	896	902	907
879	885	891	897	903	908
880	886	892	898	904	909
881	887	893	899	905	910
882	888	894	900	906	911
883	889	895	901		

AM8 — 2004 - 2005 — Duewag

912	914	916	918	920	922
913	915	917	919	921	

Karlsruhe (cont)

Historic Trams

AVG12	GT8	Rastatt	1959	139	A4	Rastatt	1958
14	A1	Herbrand	1899	167	GT6	DWM	1964
92	K2	Wismar	1923	188	GT8	DWM	1969
95	A2	Rastatt	1929	298	A2	Rastatt	1930
100	A2	Rastatt	1930	299	A2	Rastatt	1930
AVG104	GT8	Duewag	1958	439	K4	Rastatt	1961
114	K2	Fuchs	1948	452	E	Esslingen	1958
115	A2	Fuchs	1948				

Works Cars

No	Type	Builder	Date	No	Type	Builder	Date
120	GT8(s)	Duewag	1969	479	Skl	AW Bremen	1981
121	GT8(s)	Duewag	1969	489	A4	DWM	1963
155	A4	DWM	1961	490	A4Z	Rastatt	1958
421	A2	Rastatt	1966	491	A4Z	Rastatt	1958
422	A2	Rastatt	1966	492	A4	Rastatt	1958
424	A2	Rastatt	1966	494	A4	Rastatt	1958
425	A2	Rastatt	1966	495	A2	Rastatt	1937
429	E	Zaugg	2004	496	A4	Rastatt	1973
475	Skl	Waggon Union	1981	497	A4	Rastatt	1973
476	Skl	AW Bremen	1979	498	A2	Fuchs	1949
478	Skl	Waggon Union	1981	499	A2	Schorling	1951

Kassel — 1877 — 1435mm — 51.1km

AM8 — 1990 - 1994 — Duewag

451	456	460	464	468	472
452	457	461	465	469	473
453	458	462	466	470	474
454	459	463	467	471	475
455					

AM6 — 1999 - 2000 — DWA

601	605	609	613	617	620
602	606	610	614	618	621
603	607	611	615	619	622
604	608	612	616		

AM6 — 2000 - 2001 — DWA

631	633	635	637	639	640
632	634	636	638		

AM8 — 2003 - 2004 — Alstom 'Regio'

701	704	707	710	713	716
702	705	708	711	714	717
703	706	709	712	715	718

8NRTW - D — 2005 - 2006 — Alstom / LHB 'Regio'

751	752	753	754	755	756

2011 - 2012 — Low Floor Double Ended Tram

14 Trams are out for tender

Kassel (cont)

Works Cars

No	Type	Builder	Date	No	Type	Builder	Date
316	6xGel2ZR	Wegmann	1970	809	2xZR	Eigenbau	1955
317	6xGel2ZR	Wegmann	1970	829	2xZR	?	1926
802	2xZR	?	1908	848	2xER	Eigenbau	1957
805	2xZR	?	1919	849	2xER	Eigenbau	1957

Historic Trams

No	Type	Builder	Date	No	Type	Builder	Date
8	2xZR	Crede	1900	273	2+2xGel3ER	Crede	1956
110	2xZR	Zypen	1907	355	6xGel2ER	Crede	1967
144	2xZR	Zypen	1909	521	2xZR	Crede	1941
214	2xZR	Crede	1936	569	4xGrER	Wegmann	1971
228	2xZR	Crede	1940	575	4xGrER	Duewag	1956
229	2xZR	Crede	1941	655	2xZR	Zypen	1909

Köln 1877 1435mm 190.3km

AM6 — 1976 - 1978 — Duewag

2003	2031	2035	2040	2049	2051
2012 (m)	2032	2037			

AM6 — 1977 — Duewag

2098					

AM6 — 1984 - 1985 — Duewag

2101	2105	2109	2113	2116	2120
2102	2106	2110	2114	2117	2121
2103	2107	2111	2115	2119	2122
2104	2108	2112			

AM6 — 1985 — Duewag

2192	2194	2195	2196	2198	2199
2193					

AM6 — 1987 - 1992 — Duewag

2201	2208	2215	2222	2229	2235
2202	2209	2216	2223	2230	2236
2203	2210	2217	2224	2231	2237
2204	2211	2218	2225	2232	2238
2205	2212	2219	2226	2233	2239
2206	2213	2220	2227	2234	2240
2207	2214	2221	2228		

AM6 — 1987 - 1990 — Waggon Union

2251	2253	2255	2257	2259	2260
2252	2254	2256	2258		

AM6 — 1995 - 1996 — Duewag

2301	2307	2313	2319	2324	2329
2302	2308	2314	2320	2325	2330
2303	2309	2315	2321	2326	2331
2304	2310	2316	2322	2327	2332
2305	2311	2317	2323	2328	2333
2306	2312	2318			

Köln (cont)

AM8 — 1968 - 1969 — Duwag

3201	3205	3210	3219	3230	3236
3202	3207	3212	3227	3233	3238
3203	3208	3217	3228	3234	3239
3204	3209	3218	3229	3235	

GT8 — 1966 — Duewag

3878					

AM8 — 1996 - 1997 — Bombardier

4001	4015	4029	4042	4055	4068
4002	4016	4030	4043	4056	4069
4003	4017	4031	4044	4057	4070
4004	4018	4032	4045	4058	4071
4005	4019	4033	4046	4059	4072
4006	4020	4034	4047	4060	4073
4007	4021	4035	4048	4061	4074
4008	4022	4036	4049	4062	4075
4009	4023	4037	4050	4063	4076
4010	4024	4038	4051	4064	4077
4011	4025	4039	4052	4065	4078
4012	4026	4040	4053	4066	4079
4013	4027	4041	4054	4067	4080
4014	4028				

AM8 — 1998–1999 — Bombardier

4081	4088	4095	4102	4109	4115
4082	4089	4096	4103	4110	4116
4083	4090	4097	4104	4111	4117
4084	4091	4098	4105	4112	4118
4085	4092	4099	4106	4113	4119
4086	4093	4100	4107	4114	4120
4087	4094	4101	4108		

AM6 — 2002 — Bombardier Flexity K4000

4121	4122	4123	4124		

AM6 — 2005 - 2007 — Bombardier Flexity K4500

4501	4513	4525	4537	4548	4559
4502	4514	4526	4538	4549	4560
4503	4515	4527	4539	4550	4561
4504	4516	4528	4540	4551	4562
4505	4517	4529	4541	4552	4563
4506	4518	4530	4542	4553	4564
4507	4519	4531	4543	4554	4565
4508	4520	4532	4544	4555	4566
4509	4521	4533	4545	4556	4567
4510	4522	4534	4546	4557	4568
4511	4523	4535	4547	4558	4569
4512	4524	4536			

AM6 — 2002–2004 — Bombardier Flexity K5000

5101	5105	5109	5113	5117	5121
5102	5106	5110	5114	5118	5122
5103	5107	5111	5115	5119	5123
5104	5108	5112	5116	5120	5124

Köln (cont)

Bombardier Flexity K5000 (cont)

5125	5134	5143	5151	5159	5167	
5126	5135	5144	5152	5160	5168	
5127	5136	5145	5153	5161	5169	
5128	5137	5146	5154	5162	5170	
5129	5138	5147	5155	5163	5171	
5130	5139	5148	5156	5164	5172	
5131	5140	5149	5157	5165	5173	
5132	5141	5150	5158	5166	5174	
5133	5142					

AM6   2007 - 2011   Bombardier Flexity K5000

5201	5204	5207	5210	5212	5214
5202	5205	5208	5211	5213	5215
5203	5206	5209			

Works Cars

No	Type	Builder	Date	No	Type	Builder	Date
1877	8xGel3ZR	Duewag	1968	6406	6xGel2ZR	Duewag	1966
1910	4xER	Westwaggon	1956	6508	4xZR	Eigenbau	1979
1918	4xER	Westwaggon	1956	6601	4xZR	Eigenbau	1987
6001	B100S	Duewag	1973	6602	4xZR	Eigenbau	2000
6201	4xE - Lok	Gmeinder	1985	6701	4xZR	Gmeinder	1995
6303	2xV - Lok	Allrad	1990	6736	2xZR	Westwaggon	1946
6310	2xZRVT	Schoma	1984	6758	4xZR	Eigenbau	1977
6402	4xER	Westwaggon	1956	6760	CS722	Schoma	1984
6405	6xGel2ZR	Duewag	1966	6761	KLA3V	Schoma	1985

Historic Trams

No	Type	Builder	Date	No	Type	Builder	Date
211	2xZR	Eigenbau	1950	1872	2xZR	Westwaggon	1950
407	2xZR	Zypen	1902	2012	2xZR	Duewag	1976
1019	4xZR	Westwaggon	1957	2825	3xER	Duewag	1942
1155	4xZR	DWM	1958	3413	4xGel2ER	Duewag	1958
1159	4xZR	DWM	1958	3501	6xGel2ER	KHD	1960
1257	2xZR	Zypen	1911	3764	8xGel3ER	Duewag	1965
1285	2xZR	Herbrand	1911	5321	2xZR	Herbrand	1911
1286	2xZR	Herbrand	1911	6004	2xZR	Schorling	1962
1321	4xER	Westwaggon	1956	6108	2xZR	Zypen	1921
1363	4xER	Westwaggon	1956	6113	2xZR	Zypen	1925
1732	2xZR	Fuchs	1948	6506	2+2xZR	LHW	1927
1824	3xER	Westwaggon	1939	6638	2xZR	Humboldt	1917
1871	2xZR	Westwaggon	1950	6734	2xZR	Westwaggon	1946

Krefeld   1883   1000mm   37.3km

AM8   2010   Bombardier Flexity

601	604	607	610	613	616
602	605	608	611	614	617
603	606	609	612	615	618

AM8   1964   Duwag

809	810				

Krefeld (cont)

AM8 — 1972–1976 — Duewag

811	815	818	822	825	828
812	816	819	823	826	829
814	817	821	824	827	

AM8 — 1980–1981 — Duewag

831	835	839	842	845	848
832	836	840	843	846	849
833	837	841	844	847	850
834	838				

Works Cars

No	Type	Builder	Date	No	Type	Builder	Date
238	2xE - Lok	Uerdingen	1948	626	6xGel2ZR	Duewag	1964
401	4x	Eigenbau	1991	8478	DH 60	Allrad	1994

Historic Trams

No	Type	Builder	Date	No	Type	Builder	Date
49	2xZR	Eigenbau	1969	93	2xZR	Dusseldorf	1900

Leipzig — 1872 — 1458mm — 151.7km

B4D — 1978 - 1982 — CKD

597	684	693	697	699	700

B4 — 1983 - 1987 — Tatra

701	711	725	733	742	752
703	712	726	734	743	753
704	716	727	735	745	754
705	719	728	736	746	757
706	721	730	737	748	758
707	722	731	738	749	761
709	723	732	741	750	770
710					

B4D - NF — 1984 — CKD/LFB

791	793	794	795	796	798
792					

B4 — 1988 - 1991 — Tatra

801	804	807	809	811	813
802	805	808	810	812	814
803	806				

B4 — 2000 - 2006 — Bombardier 'Flexity Outlook'

901	910	919	927	935	943
902	911	920	928	936	944
903	912	921	929	937	945
904	913	922	930	938	946
905	914	923	931	939	947
906	915	924	932	940	948
907	916	925	933	941	949
908	917	926	934	942	950
909	918				

Leipzig (cont)

M4 — 1988 - 1991 — Tatra

1001	1006	1011	1016	1021	1025
1002	1007	1012	1017	1022	1026
1003	1008	1013	1018	1023	1027
1004	1009	1014	1019	1024	1028
1005	1010	1015	1020		

AM8 — 1994 - 1998 — Duewag

1101	1111	1121	1130	1139	1148
1102	1112	1122	1131	1140	1149
1103	1113	1123	1132	1141	1150
1104	1114	1124	1133	1142	1151
1105	1115	1125	1134	1143	1152
1106	1116	1126	1135	1144	1153
1107	1117	1127	1136	1145	1154
1108	1118	1128	1137	1146	1155
1109	1119	1129	1138	1147	1156
1110	1120				

XXL — 2006 - 2007 — Bombardier

1201	1209	1217	1224
1202 'Birmingham'	1210	1218	1225
1203	1211	1219	1226
1204	1212	1220	1227
1205	1213	1221	1228
1206	1214	1222	1229
1207	1215	1223	1230
1208	1216		

NGTW6 — 2004 - 2008 — LFB Leoliner

1301	1310	1319	1327	1335	1343
1302	1311	1320	1328	1336	1344
1303	1312	1321	1329	1337	1345
1304	1313	1322	1330	1338	1346
1305	1314	1323	1331	1339	1347
1306	1315	1324	1332	1340	1348
1307	1316	1325	1333	1341	1349
1308	1317	1326	1334	1342	1350
1309	1318				

ET57 — 1959 — Gotha

1332					

T4D - M — 1976 / 1984 / 1986 — CKD/LFB

1600	1700	1800			

M4 — 1979 - 1983 — Tatra

1861	1871	1893	1894		

M4 — 1979 - 1983 — Tatra

1900	1905	1915	1921	1925	1936
1901	1906	1916	1922	1927	1938
1903	1908	1917	1923	1928	1941
1904	1910	1918	1924	1931	1945

Leipzig (cont)

M4 — 1979 - 1983 — Tatra (cont)

1947	1963	1968	1977	1987	1991
1951	1965	1972	1980	1990	1999
1961	1967	1974	1986		

M4 — 1979 - 1983 — Tatra

2031	2047	2057	2070	2082	2091
2032	2048	2058	2071	2083	2092
2033	2050	2060	2072	2084	2093
2036	2051	2061	2073	2085	2094
2037	2052	2062	2074	2086	2095
2038	2053	2064	2076	2087	2096
2040	2054	2066	2078	2088	2097
2041	2055	2068	2079	2089	2098
2043	2056	2069	2081	2090	2099
2046					

M4 — 1984–1986 — Tatra

2101	2117	2133	2149	2165	2181
2102	2118	2134	2150	2166	2182
2103	2119	2135	2151	2167	2183
2104	2120	2136	2152	2168	2184
2105	2121	2137	2153	2169	2185
2106	2122	2138	2154	2170	2186
2107	2123	2139	2155	2171	2187
2108	2124	2140	2156	2172	2188
2109	2125	2141	2157	2173	2189
2110	2126	2142	2158	2174	2190
2111	2127	2143	2159	2175	2191
2112	2128	2144	2160	2176	2192
2113	2129	2145	2161	2177	2193
2114	2130	2146	2162	2178	2194
2115	2131	2147	2163	2179	2195
2116	2132	2148	2164	2180	

Works Cars

No	Type	Builder	Date	No	Type	Builder	Date
1	2x	Eigenbau	1977	5080	ATZ	Raw	1966
2	2x	Eigenbau	1977	5101	Tele - Trac	Windhoff	1994
3	2x	Eigenbau	1977	5151	WRG - N	Zagro	1997
4	2x	Eigenbau	1962	5152	WRG - N	Zagro	1998
001	NFTW4	LFB	2003	5511	2x	Heiterblick	1985
5001	T4D - M2	CKD	1971	5512	2x	Heiterblick	1994
5002	T4D	CKD	1980	5541	2x	Heiterblick	1995
5005	2xER	Dessau	1925	5542	2x	Heiterblick	1995
5031	T4D	CKD	1979	5543	2x	Heiterblick	1995
5032	T4D	CKD	1980	5544	2x	Heiterblick	1996
5033	T4D	CKD	1980	5572	2x	Heiterblick	1987
5050	TD4-S/P	CKD	1968	5690	2xER	Gotha	1962
5062	TD4 - S/P	CKD	1968	5708	2x	MuCo	1960
5071	ET57	Gotha	1960	5709	2x	MuCo	1960
5072	ET57	Gotha	1960				

Leipzig (cont)

Historic Trams

20	4xZR	Bremen	1909	887	B57E	Gotha	1959
64	2xZR	Herbrand	1896	981	2xZR	Werdau	1912
86	2xZR	Steinfurt	1896	1043	4xZR	Bautzen	1930
95	2xZR	Grobe Leipziger	1908	1206	G4	Gotha	1967
103	2xZR	Breslau	1896	1308	KT4D	CKD	1975
134	2xZR	Weimar	1913	1376	2xZR	Wumag	1926
179	2xZR	Herbrand	1900	1378	3xZR	Falkenried	1909
183	2xZR	Grobe Leipziger	1907	1463	2xZR	Bautzen	1925
257	2xZR	Weimar	1911	1464	2xER	Dessau	1925
285	2xZR	Grobe Leipziger	1907	1601	ET50	Werdau	1951
305	2xZR	Weimar	1911	1602	T4D	CKD	1968
308	2xZR	Breslau	1896	1623	T57E	Gotha	1960
341	2xZR	Lindner	1912	2002	2xZR	Wumag	1926
349	2xZR	Breslau	1897	2012	2xZR	Niesky	1928
500	2xZR	Grobe Leipziger	1906	5060	2xZR	Heiterblick	1958
506	2xZR	Grobe Leipziger	1907	5092	2xZR	Raw	1977
520	B4D	CKD	1968	5378	2/3xZR	Dreyhausen	1872
608	2xZR	Werdau	1925	5545	2x	Heiterblick	1996
751	2xZR	Lindner	1913	5590	2x	Knopf & Mucke	1949
803	EB50	Werdau	1951	5600	2x	Raw	1971
809	2xZR	Grobe Leipziger	1913	5640	2x	Grobe Leipziger	1926
830	BE70	Raw	1971	5705	2xZR	MuCo	1960

Historic Trolleybuses

104	2x	Bussing	1938	147	8Tr	Skoda	1960

Ludwigshafen   1878   1000mm   46.5km

With the introduction of a standard livery it has been decided to add a numerical prefix to fleet numbers to show which undertaking the tram belongs to. Not all trams carry this prefix.
1 RHB   2 Ludwigshafen   3 Heidelberg   4 OEG   5 Mannheim

AM6		1962 - 1963		Duwag	
123(s)	124(s)	125	126(s)	129 (cb)	

AM8		1967		Duwag	
147(s)	151(s)	152			

AM8		1971		Duewag	
153	154	155	156	157	159

AM6		1994 - 1996		Duewag	
201	204	207	209	211	213
202	205	208	210	212	214
203	206				

AM6		2002 - 2004		Bombardier	
215	217	219	220	221	222
216	218				

AM6		2007		OEG Variotram	
761	762	763			

Works Cars

62	2xZR	Rastatt	1952	010	4xZR	Schoma	1985
001	2xZR	ZWM	1973				

Magdeburg — 1877 — 1435mm — 59km

M4 — 1976 - 1986 — Tatra

1120	1168	1182	1184	1185	1198
1167	1169	1183			

M4 — 1976 - 1986 — Tatra

1200	1223	1237	1246	1255	1264
1201	1228	1238	1247	1256	1265
1208	1229	1239	1248	1257	1268
1209	1230	1240	1249	1258	1269
1211	1231	1241	1250	1259	1270
1212	1232	1242	1251	1260	1271
1213	1233	1243	1252	1261	1272
1216	1234	1244	1253	1262	1273
1217	1235	1245	1254	1263	1274
1222	1236				

M4 — 1989 — Tatra

1275	1277	1279	1281	1283	1285
1276	1278	1280	1282	1284	

AM8 — 1995 - 2000 — LHB

1301	1310	1319	1328	1337	1346
1302	1311	1320	1329	1338	1347
1303	1312	1321	1330	1339	1348
1304	1313	1322	1331	1340	1349
1305	1314	1323	1332	1341	1350
1306	1315	1324	1333	1342	1351
1307	1316	1325	1334	1343	1352
1308	1317	1326	1335	1344	1353
1309	1318	1327	1336	1345	1354

AM8 — 2002 - 2003 — LHB

1355	1358	1361	1364	1367	1370
1356	1359	1362	1365	1368	1371
1357	1360	1363	1366	1369	1372

BD4 — 1975 / 1976 — CKD

2089	2094				

B4 — 1978 - 1986 — Tatra

2103	2121	2128	2132	2135	2138
2105	2122	2129	2133	2136	2140
2113	2126	2130	2134	2137	2141
2120	2127	2131			

B4 — 1989 — Tatra

2143	2144	2145	2146	2147	2148

B4 — 1989 – 1990 — Tatra B6 (Ex Berlin)

Note: Car 5560 will be used as spare parts but all the rest will receive an overhaul

2201	2203	2205	2207	2209	2211
2202	2204	2206	2208	2210	5560

Magdeburg (cont)

Works Cars

No	Type	Builder	Date	No	Type	Builder	Date
557	ET54	Gotha/LEW	1955	763	B4D	Eigenbau	1982
702	T57	Gotha	1961	765	2x	Eigenbau	1983
706	T4Dz	CKD	1968	767	2x	Eigenbau	1982
708	T4D	CKD	1974	769	2x	Eigenbau	1982
730	T4Dz	CKD	1969	774	T4DM	CKD	1986
756	TD4	CKD	1976				

Historic Trams

No	Type	Builder	Date	No	Type	Builder	Date
23	2xZR	Dessau	1928	509	B57	Gotha	1960
38	2xZR	Falkenried	1898	519	B2 - 62	Gotha	1966
42	2x	?	1890	761	2x	Eigenbau	1948
70	2xER	Niesky	1943	762	2x	Eigenbau	1982
124	2xZR	Niesky	1928	766	B4D	Eigenbau	1983
138	2xZR	Lindner	1915	768	2x	Eigenbau	1982
243	KSW	Uerdingen	1947	1001	TD4	CKD	1968
300	2xZR	Falkenried	1914	1072	TD4	CKD	1971
352	2xZR	Dessau	1929	2002	B4D	CKD	1969
413	T2 - 62	Gotha	1966				

Mainz — 1883 — 1000mm — 19.3km

AM6 — 1996 — Adtranz

201	204	207	210	213	215
202	205	208	211	214	216
203	206	209	212		

AM8 — 1984 — Duewag

| 271 | 272 | 273 | 274 | 275 | 276 |

AM8 — 1976 — Duewag

| 277 | 278 | 279 | 280 | | |

Works Car

No	Type	Builder	Date
217	2xZR	Eigenbau	1982

Historic Trams

No	Type	Builder	Date	No	Type	Builder	Date
93	2xZR	Gastell	1929	226	6xGel2ZR	Westwaggon	1958
97	3xZR	Westwaggon	1950				

Mannheim — 1878 — 1000mm — 59.2km

With the introduction of a standard livery it has been decided to add a numerical prefix to fleet number to show which undertaking the tram belongs to. Not all trams carry this prefix.
1 RHB   2 Ludwigshafen   3 Heidelberg   4 OEG   5 Mannheim

AM6 — 1970 - 1971 — Duewag

450	451				

AM8 — 1962 - 1964 — Duwag

501	505	509	513	516	521
502	506	511	514	518	522
504	508	512	515	520	

AM6 — 1994 - 1995 — Duewag

601	610	619	627	635	643
602	611	620	628	636	644
603	612	621	629	637	645
604	613	622	630	638	646
605	614	623	631	639	647
606	615	624	632	640	648
607	616	625	633	641	649
608	617	626	634	642	650
609	618				

AM6 — 2002 - 2003 — Bombardier Variotram

701	704	706	708	710	712
702	705	707	709	711	713
703					

Works Cars

No	Type	Builder	Date	No	Type	Builder	Date
1301	GT6	Duewag	1964	1302	GT6	Duewag	1964

Historic Tram

237	2xZR	Fuchs	1913	
1122	2xZR	Fuchs	1939	RHB Bad Dürkheim

Mannheim – Heidelberg (OEG) — 1887 — 1000mm — 61km

With the introduction of a standard livery it has been decided to add a numerical prefix to fleet number to show which undertaking the tram belongs to. Not all trams carry this prefix.
1 RHB   2 Ludwigshafen   3 Heidelberg   4 OEG   5 Mannheim

AM8 — 1966 - 1969 — Duwag

82	85	87	90	92	96
84	86	89	91	93	97

AM8 — 1973 - 1974 — Duewag

98	101	103	105	107	109
99	102	104	106	108	110
100					

AM8 — 1988 - 1989 — Duewag

111	112	113	114	115	116

AM6 — 1996 — Adtranz

117	118	119	120	121	122

Mannheim – Heidelberg (cont)

AM6   2002 - 2004   Bombardier

123	125	127	129	131	132
124	126	128	130		

AM6   2006 - 2007   Bombardier 'Variotrams'

133	135	137	138	139	140
134	136				

B4   1961 - 1963   Rastatt

181	193	204	205		

Works Cars

No	Type	Builder	Date	No	Type	Builder	Date
16	?	Fuchs	1914	371	4xZR	?	?
18	4xZR	Fuchs	1949	372	4xZR	?	?
191	B4	Rastatt	1962	373	4xZR	Fuchs	1951
192	B4	Rastatt	1962	375	4xZR	Fuchs	1951
350	2xV - Lok	Gmeinder	1953	380	4xZR	?	1990
351	2xE - Lok	Eigenbau	1952	381	4xZR	?	1990
354	T4	Rastatt	1958	391	2xZR	Fuchs	1925
355	T4	Rastatt	1958	392	2xZR	Fuchs	1925
357	T4	Rastatt	1963	393	2xZR	Fuchs	1925
358	T4	Rastatt	1963	394	2xZR	Fuchs	1925
359	T4	Rastatt	1963	399	4xZR	Fuchs	1951
370	4xZR	?	?				

Historic Trams

No	Type	Builder	Date	No	Type	Builder	Date
2	4xZR	Fuchs	1914	66	4xZR	Fuchs	1952
45+46	4+4xZR	Fuchs	1928	81	GT8	Rastatt	1963
47+48	4+4xZR	Fuchs	1928				

Mulheim / Ruhr   1897   1000 / 1435mm   37.9km

1000mm

AM8   1996   Duewag

201	202	203	204		

6xGel2ER   1958/1964   Duewag

252	261				

AM8   1975   Duewag

269	270				

AM8   1976   Duewag

271	272	273	274	275	276

AM6/8   1977 - 1978   Duewag

277	278	279	280	281	282

AM6   1984 - 1987   Duewag

283	285	287	288	289	290
284	286				

AM6   1992   Duewag

291	292	293	294		

Mulheim / Ruhr (cont)

AM8 — 1975 - 1980 — Duewag

1010	1020	1107	1108	1112	1114
1014					

Works Car

No	Type	Builder	Date
402	2xZR	Schorling	1952

Historic Trams

No	Type	Builder	Date
216	2xZR	Linke - Hofmann - Werke	1927
227	4xGrER	Duewag	1955
259	6xGel2ER	Duewag	1960
322	3xZR	Westwaggon	1957

1435mm

AM6 — 1976 — Duewag

5012	5013	5014	5015	5016

AM6 — 1985 — Duewag

5031	5032

Munchen — 1876 — 1435mm — 71.2km

AM4 — 1967 - 1968 — Rathgeber

2005	2006	2010	2021	2028	2031

AM6 — 1994 - 1997 — MAN

2101	2113	2126	2137	2149	2160
2102	2114	2127	2138	2150	2161
2103	2115	2128	2139	2151	2162
2104	2116	2129	2140	2152	2163
2105	2117	2130	2142	2153	2164
2106	2118	2131	2143	2154	2165
2107	2119	2132	2144	2155	2166
2108	2120	2133	2145	2156	2167
2109	2123	2134	2146	2157	2168
2110	2124	2135	2147	2158	2169
2111	2125	2136	2148	2159	2170
2112					

AM8 — 1999 - 2000 — Adtranz

2201	2204	2207	2210	2212	
2202	2205	2208	2211	2213	2215
2203	2206	2209		2214	2216

AM8 — 2009 - 2010 — Stadler Variotram

2301	2304	2307	2309	2311	2313
2302	2305	2308	2310	2312	2314
2303	2306				

1965 — Rathgeber Type M565

2658					

AB4 — 1966 - 1967 — Rathgeber

3004	3005	3010	3012	3013	3037

München (cont)

Works Cars

	1926	MAN Type FK18	
2942			

	1965	Rathgeber Type M565	
2991	2993		

	1970	Eigenbau Type ME18	
3998			

Historic Vehicles

No	Type	Builder	Date	No	Type	Builder	Date
256	A22	Rathgeber	1901	2903	SSR259	Schorling	1958
273		MAN	1891	2924	Sch264	Rathgeber	1959
490	D63	Boker	1911	2930	SA230	Uerdingen	1948
539	E28	LHW	1925	2931	SA230	Uerdingen	1949
624	E38	Schondorff	1926	2946	TU18	MAN	1926
642	F210	HAWA	1929	2973	G18	LHW	1926
670	G18	LHW	1925	3014	p317	Rathgeber	1967
721	J130	Fuchs	1944	3039	p317	Rathgeber	1968
1334	e549	MAN	1927	3113	i434	Rathgeber	1952
1351	f154	HAWA	1929	3390	m364	Rathgeber	1953
1401	f254	Rathgeber	1929	3407	m465	Rathgeber	1957
1456	g148	MAN	1925	3463	M465	Rathgeber	1958
1472	g149	MAN	1927	3545	M565	Rathgeber	1964
1509	i156	Uerdingen	1944	3901	s448	MAN	1926
2006	P316	Rathgeber	1967	3908	s350	Rathgeber	1928
2031	P316	Rathgeber	1968	3921	q550	Rathgeber	1929
2412	M465	Rathgeber	1957	3922	q550	Rathgeber	1929
2443	M465	Rathgeber	1958	3942	sp255	Rathgeber	1940
2616	M565	Rathgeber	1965				
2668	M565	Rathgeber	1965				

Naumburg (Saale) 1892 1000mm 2km

EB50	1951	Werdau	
1			

B57	1959	Gotha	
14			

2xZR	1928	Lindner	
17			

B2	1972	RAW	
19			

ET54	1956	Gotha	
23			

M2	1958	Gotha	
36	37	38	

M2	1973	RAW	
50	51		

Naumburg (cont)

2xZR		1894		SIG		
133						

AM4		1961		Gotha		
202						

Works Cars

No	Type	Builder	Date	No	Type	Builder	Date
29	ET54	LOWA	1955	A69	2xZR	Conrad Jorges	1963
A21	2xZR	Lindner	1929				

Niedersachsen - Museum Wehmingen   1435mm   6.5km

Historic Trams

No	Type	Builder	System	Date
?	2xZR	Eigenbau	Bremerhaven	?
?	2xZR	?	Neunkirchen	?
1	4xZR	Trelenberg	Stuttgart	1922
1	2xZR	Falkenried	Hamburg	1912
RL1	2xZR	?	Bremen	1902
2	4xZR	Trelenberg	Stuttgart	1924
ST3	2xZR	Eigenbau	Bremen	1930
LT4	4xER	Eigenbau	Sylt	1953
8	4xZR	Esslingen	Esslingen	1929
8	2xZR	Zypen	Bonn	1902
11	2xZR	Fuchs	Heidelberg	1902
12	4xZR	Ganz	Budapest	1896
15	2xZR	Soc. Generale	Neunkirchen	1927
21	2xZR	Herbrand	Reutingen	1912
27	4xZR	Fuchs	Oberrheinische	1928
28	4xZR	Fuchs	Oberrheinische	1928
N33	2xZR	HAWA	Hannover	1926
34	2xZR	MAN	Freiburg	1909
38	4xZR	Fuchs	Heidelberg	1913
46	2xZR	Schlieren	Neuchatel	1902
56	ER(Tw)	Zypen	Wuppertal	1912
100	2xZR	?	Duisburg	1898
113	4xZR	Schlieren	Neuchatel	1902
119	4xZR	Weyer	Duisburg	1920
153	4xZR	Fuchs	Heidelberg	1925
160	2xZR	Schlieren	Basel	1920
253	2xZR	Schorling	Bremerhaven	1941
254	2xZR	Schorling	Bremerhaven	1948
302	T57	Gotha	Potsdam	1959
305	T57	Gotha	Potsdam	1959
350	2xZR	Herbrand	Kiel	1900
358	3xZR	Westwaggon	Bonn	1959
365	4xZR	SIG	Genf	1919
427	4xGrER	Duewag	Hannover	1957
503	6xGelER	Duewag	Hannover	1962
511	2xZR	Crede	Kassel	1940
652	2xZR	Schorling	Essen	1955
715	4xGrER	Duewag	Hannover	1951
722	2xZR	Zypen	Kassel	1898
757	2xER	Werkspoor	Amsterdam	1916

Niedersachsen - Museum Wehmingen (cont)

Historic Trams (cont)

No	Type	Builder	City	Date
311	2xZR	Schottler	Hannover	1962
320	2xZR	MAN	Nurnberg	1926
904	4xGrZR	Duewag	Dortmund	1953
931	2+2xGel3	Esslingen	Stuttgart	1965
1002	4xGrZR	Talbot	Aachen	1956
1008	TD4	CKD	Magdeburg	1968
1023	2xZR	HAWA	Hannover	1929
1033	2xZR	HAWA	Hannover	1929
1072	2xZR	Uerdingen	Hannover	1947
1130	2xZR	SIG	Basel	1912
1216	4xGelZR	Duewag	Duisburg	1958
1301	4xGelER	Duewag	Hannover	1951
1330	2xZR	Fuchs	Stuttgart	1950
1350	4xGrER	Westwaggon	Koln	1956
1424	4xGrER	Duewag	Hannover	1959
1509	4xGrER	Duewag	Hannover	1962
1518	B2	Stuttgart	Stuttgart	1954
1610	3xGrER	Rathgeber	Munchen	1952
1811	4xZR	Eigenbau	Hannover	1956
2040	4xZR	Schottler	Frankfurt Main	1970
2304	GT6	Duewag	Dusseldorf	1957
2667	M5.65	Rathgeber	Munchen	1965
3011	TZ69	RAW	Berlin	1969
3571	V6E	LHB	Hamburg	1951
4037	2xZR	Simmering	Wein	1928
5103	T4	Duewag	Dusseldorf	1955
5289	T2	Duewag	Dusseldorf	1951
5964	T24/49	?	Berlin	1924

Nordhausen 1900 1000mm 5.5km

AM4	1959 - 1962	Esslingen			
75, 77	78	79	80	81	82

AM4	1966	Esslingen			
94					

AM4	2000 - 2002	Siemens			
101	102	103	104		

AM4	2004	Siemens Duo Combino			
201	202	203			

Works Car

No	Type	Builder	Date
01	2x	Eigenbau	?

Historic Trams

No	Type	Builder	Date	No	Type	Builder	Date
23	2xZR	Wismar	1934	59	G4 - 65	Gotha	1965
40	T57	Gotha	1958				

Nurnberg 1881 1435mm 36.3km

AM6 — 1962 - 1966 — MAN

305	326	334			

AM8 — 1976 - 1997 — Duewag

361	362(w)	363(m)	369(w)	370	372

AM6 — 1995 - 1996 — Adtranz

1001	1004	1007	1009	1011	1013
1002	1005	1008	1010	1012	1014
1003	1006				

AM8 — 1999 - 2000 — Adtranz

1101	1106	1111	1115	1119	1123
1102	1107	1112	1116	1120	1124
1103	1108	1113	1117	1121	1125
1104	1109	1114	1118	1122	1126
1105	1110				

AM6 — 2007 — Siemens / OEG Variotram

1201	1203	1205	1206	1207	1208
1202	1204				

B4 — 1959 - 1966 — MAN

1554	1581	1582	1585		

Historic Trams

No	Type	Builder	Date	No	Type	Builder	Date
3	2xZR	Herbrand/AEG	1896	877	2xZR	MAN	1935
11	2xZR	MAN	1881	901	2xZR	Duewag	1940
13	2xZR	Konstal	1950	910	2xZR	Duewag	1940
75	2xZR	MAN	1888	1116	2xZR	MAN	1925
111	2xER	MAN	1953	1251	2xZR	MAN	1951
144	4xZR	MAN/SSW	1909	1252	2xZR	MAN	1951
201	T4	MAN	1955	1258	2xZR	MAN	1951
204	2xZR	MAN/SSW	1904	1278	2xZR	MAN	1953
208	T4	MAN	1958	1284	2xZR	MAN	1955
250	T4	MAN	1960	1299	2xER	MAN	1955
641	2xZR	MAN/SSW	1913	1304	2xER	MAN	1956
701	2xZR	MAN	1913	1501	B4	MAN	1955
867	2xZR	MAN	1929	1521	B4	MAN	1958
876	2xZR	MAN	1935	1556	B4	MAN	1960

Works Cars

No	Type	Builder	Date	No	Type	Builder	Date
A1	2xZR	Schorling	1914	A80	2xZR	MAN	1926
A14	2xZR	Schorling	1962	A86	2xZR	MAN	1926
A15	4xGel2ER+4ER	MAN	1962	A87	2x+2xZR	MAN	1926
A16	4xER	Windhoff	2004	A156	2xZR	MAN	1906
A21	2xZR	MAN	1935	A158	2xZR	MAN	1906
A22	2xZR	MAN	1935	A159	2xZR	MAN	1906
A42	2xER	MAN	1951	A324	2x	Riess	?
A46	4xER	MAN	1958	A433	2xZR	MAN	1934

Oberhausen — 1996 — 1000mm — 8.7km

AM6 — 1995 - 1996 — Duewag

201	205	207	208	209	210
202	206				

Historic Vehicle

No	Type	Builder	Date
25	2xZR	Herbrand	1900

Plauen — 1894 — 1000mm — 17.5km

AM4 — 1976 - 1988 — Tatra

203	207	213	218	226	232
204	208	214	220	227	233
205	211	216	224	228	234
206	212	217	225	229	235

AM4 — 1987 - 1988 — Tatra

236	238	240	241	242	243
237	239				

Works Cars

No	Type	Builder	Date	No	Type	Builder	Date
64	T57	Gotha	1957	230	KT4D	CKD	1968
223	KT4D	CKD	1976	0202	KT4D	CKD	1976

Historic Trams

No	Type	Builder	Date	No	Type	Builder	Date
21	2xZR	MAN/AEG	1905	78	T2 - 64	Gotha	1966
28	B2 - 64	Gotha	1969	79	T2 - 64	Gotha	1966
51	2xZR	MAN/SSW	1928				

Potsdam — 1880 — 1435mm — 27.5km

AM4 — 1985 - 1987 — Tatra

123	141	146	151	156	162
124	142	147	152	157	
130	143	148	153	159	
131	144	149	154	160	
132	145	150	155	161	

AM4 — 1979 - 1987 — Tatra

241	247	250	253	255	257
242	248	251	254	256	259
246	249	252			

AM6 — 1996 — Siemens Combino (Prototype)

400					

AM6 — 1998 - 2001 — Siemens Combino

401	404	407	410	413	415
402	405	408	411	414	416
403	406	409	412		

AM — 2010 - 2011 — Stadler Variobahn

Note: 10 vehicles have been ordered.

Potsdam (cont)

Works Cars

No	Type	Builder	Date	No	Type	Builder	Date
301	KT4DMF	CKD	1987	311	2x	Lindner/Eigenbau	1940
303	SPF 60	Windhoff	1997	312	CP2	Schmidt/BVG	1993

Historic Trams

No	Type	Builder	Date	No	Type	Builder	Date
001	KT4D	CKD	1972	214	B2 - 64	Gotha	1969
109	T2 - 64	Gotha/LEW	1965	218	B2 - 65	Gotha	1965
177	G4 - 65	Gotha/LEW	1967				

RHB (Rhein - Haartt - Bahn) Ludwigshafen   16.3km

Mannheim - Bad Durkheim

With the introduction of a standard livery it has been decided to add a numerical prefix to fleet numbers to show which undertaking the tram belongs to. Not all trams carry this prefix.

1 RHB   2 Ludwigshafen   3 Heidelberg   4 OEG   5 Mannheim

ET6   1963   Duewag

| 1015 (w) | 1017 | 1018 | | | |

ET12   1967   Duewag

| 1019 | 1020 (w) | 1022 | | | |

ET8N   1994 - 1995   Duewag

| 1031 | 1032 | 1041 | 1042 | 1043 |

EB6   1963   Duewag

| 1055 (w) | 1057 | 1058 | | | |

Works Cars

No	Type	Builder	Date	No	Type	Builder	Date
V01	2xV - Lok	Gmeinder	1954	26	2x	?	?
20	2x	Eigenbau	1931	29	2x	Busch	1907
21	2x	Fuchs	1925	35	4x	Eigenbau	1992
22	2x	Fuchs	1915				

Historic Tram

| 1122 | 4xZR | Fuchs | 1939 |

Rostock   1881   1440mm   27.7km

AM6   1994 - 1995   Duewag

651	658	665	672	679	685
652	659	666	673	680	686
653	660	667	674	681	687
654	661	668	675	682	688
655	662	669	676	683	689
656	663	670	677	684	690
657	664	671	678		

T4   1988 - 1989   Tatra

| 701 | 703 | 706 | 708 | 710 | 712 |
| 702 | 704 | 707 (s) | 709 | 711 | |

Rostock (cont)

B4		2001		Bombardier		
751	754	756	758	760	762	
752	755	757	759	761		

B4		1989		Tatra		
801	802	803	804	805	806	

T4		1989 - 1990		Tatra		
807	809	810	812			

B4		2001		Bombardier		
851	854	856	858	860	862	
852	855	857	859	861		

B6A2		1989		CKD		
901	902	904	905			

Works Cars

No	Type	Builder	Date
554	ET54	Gotha/LEW	1955
555(w)	ET54	Gotha/LEW	1955
560	SKL	Deutsche Reichsbahn	1987
575	2xZR	?	1945
579	2xZR	?	?
580	EB54	Gotha	1956
586	SKL	Deutsche Reichsbahn	1989
587	SKL	Deutsche Reichsbahn	1990
808	T4	Tatra	1989

Historic Trams

No	Type	Builder	Date
1	G4 - 61	Gotha/LEW	1961
26	2xZR	Wismar	1926
44	ET50	Werdau	1953
46	ET54	Gotha	1956
156	EB54	Gotha	1956
409	2x	?	1904

Saarbrucken 1997 1435mm 24km

AM8		1996 - 1997		Bombardier		
1001	1003	1005	1007	1009	1011	
1002	1004	1006	1008	1010	1012	

AM8		2000 - 2001		Bombardier		
1013	1016	1019	1022	1025	1027	
1014	1017	1020	1023	1026	1028	
1015	1018	1021	1024			

Schleswig - Holstein 1100 / 1435mm 1km

Museum Schonberger Strand Historic Trams

No	Type	Builder	System	Date	Gauge
WV4	W.11	Falkenried	Hamburg	1929	1435mm
S46	SaW	Falkenried	Hamburg	1914	1435mm
56	2xZR	Busch	Wohldorf	1906	1435mm
64	2xER	Uerdingen	Kiel	1939	1100mm
80	2xER	Duewag	Kiel	1949	1100mm
93	2xZR	Franke&Pahl	?	1994	1435mm
140	2xZR	Herbrand	Kiel	1900	1100mm
195	2xER	Duewag	Kiel	1951	1100mm
196	2xER	Duewag	Kiel	1951	1100mm
202	2xZR	HAWA	Hannover	1929	1435mm
241	4xGrER	Duewag	Kiel	1957	1100mm
252	2xZR	Falkenried	Hamburg	1944	1435mm
310	A7	Falkenried	Hamburg	1902	1435mm
354	2xZR	Falkenried	Kiel	1908	1100mm
540	Z1B	Falkenried	Hamburg	1907	1435mm
656	N6	Falkenried	Hamburg	1894	1435mm
1010	2xZR	HAWA	Hannover	1928	1435mm
1306	V2B	Falkenried	Hamburg	1938	1435mm
1786	Z2Bu	HAWA	Hamburg	1926	1435mm
1900	2xZR	Falkenried	Hamburg	1946	1435mm
1981	V5B	Uerdingen	Hamburg	1941	1435mm
2734	Z2u	Falkenried	Hamburg	1926	1435mm
2970	V3	Falkenried	Hamburg	1937	1435mm
2977	G1.8	Raw	Munchen	1944	1435mm
3006	V2	Falkenried	Hamburg	1928	1435mm
3060	4xGrER	BN	Hamburg	1951	1435mm
3361	V7E	LHB	Hamburg	1957	1435mm
3487	TM36	LHW	Berlin	1929	1435mm
3495	TM37	LHW	Berlin	1929	1435mm
3644	V6E	Falkenried	Hamburg	1952	1435mm
3999	LWE	Falkenried	Hamburg	1956	1435mm
4391	V7BE	O & K	Hamburg	1957	1435mm
4683	V6BE	LHB	Hamburg	1952	1435mm

Schoneiche - Rudersdorf 1910 1000mm 15.2km

AM4		1981	Tatra			
18	21	22				
AM4/6		1979 - 1990	Tatra KTFN6			
26						
GT6		1966 - 68	Duewag (Ex - Heidelberg)			
43 (218)	44 (226)	45 (229)	46 (220)	47 (237)	48 (238)	
T57		1960	Gotha (Ex - Cottbus)			
78	(95)					
AM6		1973	Duewag (Ex - Heidelberg)			
227	231	237				
AM4/6		1979 - 1990	Tatra KTFN6			
142						

Schoneiche - Rudersdorf (cont)

Works Cars

No	Type	Builder	Date	No	Type	Builder	Date
A73	TZ70	Raw	1975	A94	2xZR	Lindner	1928
A91	2xZR	Werdau	1914	A94b	2xZR	Magdeburg	1982
A93	4xZR	Lindner	1914	42 (219)	GT6	Duewag	1966

Historic Trams

No	Type	Builder	Date	No	Type	Builder	Date
20	2xZR	Lindner	1928	73	4xGrER	Eigenbau	1966
34	4xZR	Lindner	1928	113	4xGrER	Eigenbau	1974

Schwerin 1881 1435mm 22.2km

M4 1977 Tatra
111

M4 1977 Tatra
211

B4 1978 Tatra
311

AM6 2001 - 2004 Bombardier

801	806	811	816	821	826
802	807	812	817	822	827
803	808	813	818	823	828
804	809	814	819	824	829
805	810	815	820	825	830

Works Cars

No	Type	Builder	Date	No	Type	Builder	Date
903	SKL	Raw	1977	911	B3DC	Eigenbau	1986
905	T3DC1	CKD	1981	914	2x	Eigenbau	1981
907	T3DC1	CKD	1983	916	SKL	Raw	1977

Historic Trams

No	Type	Builder	Date	No	Type	Builder	Date
21	T57	Gotha	1959	417	T3D	CKD	1988
26	2xZR	Wismar	1926	418	T3D	CKD	1988
359	B3D	CKD	1968				

Strausbourg 1893 1435mm 6.2km

M2 1969 RAW
05 | 06

AM8 1989 Tatra
21 | 22 | 23

T6C5 - STE 1998 CKD
30(w)

Works Cars

No	Type	Builder	Date
721.040.0	2x		

Historic Tram

No	Type	Builder	Date
16	2xZR	Dusseldorf/SSW	1924

Stuttgart 1868 1000 / 1435mm 116.5km

1000mm Gauge

AM4 — 1961 - 1962 — Esslingen

401	422	450	454	471	519
411	434				

GT4 — 1963 — Esslingen

629	631	632	638	642	722
630					

ZT4 — 1982 — MAN

1001	1002	1003			

1435mm Gauge

M4 — 1985 - 1988 — Duewag

3007	3024	3041	3057	3073	3089
3008	3025	3042	3058	3074	3090
3009	3026	3043	3059	3075	3091
3010	3027	3044	3060	3076	3092
3011	3028	3045	3061	3077	3093
3012	3029	3046	3062	3078	3094
3013	3030	3047	3063	3079	3095
3014	3031	3048	3064	3080	3096
3015	3032	3049	3065	3081	3097
3016	3033	3050	3066	3082	3098
3017	3034	3051	3067	3083	3099
3018	3035	3052	3068	3084	3100
3019	3036	3053	3069	3085	3101
3020	3037	3054	3070	3086	3102
3021	3038	3055	3071	3087	3103
3022	3039	3056	3072	3088	3104
3023	3040				

M4 — 1989 - 1996 — Duewag

3105	3127	3149	3171	3193	3214
3106	3128	3150	3172	3194	3215
3107	3129	3151	3173	3195	3216
3108	3130	3152	3174	3196	3217
3109	3131	3153	3175	3197	3218
3110	3132	3154	3176	3198	3219
3111	3133	3155	3177	3199	3220
3112	3134	3156	3178	3200	3221
3113	3135	3157	3179	3201	3222
3114	3136	3158	3180	3202	3223
3115	3137	3159	3181	3203	3224
3116	3138	3160	3182	3204	3225
3117	3139	3161	3183	3205	3226
3118	3140	3162	3184	3206	3227
3119	3141	3163	3185	3207	3228
3120	3142	3164	3186	3208	3229
3121	3143	3165	3187	3209	3230
3122	3144	3166	3188	3210	3231
3123	3145	3167	3189	3211	3232
3124	3146	3168	3190	3212	3233
3125	3147	3169	3191	3213	3234
3126	3148	3170	3192		

Stuttgart 1435mm (cont)

M4   1998 - 2000   Duewag

3301	3309	3317	3325	3333	3340	
3302	3310	3318	3326	3334	3341	
3303	3311	3319	3327	3335	3342	
3304	3312	3320	3328	3336	3343	
3305	3313	3321	3329	3337	3344	
3306	3314	3322	3330	3338	3345	
3307	3315	3323	3331	3339	3346	
3308	3316	3324	3332			

DT 811   2004 - 2005   Duewag

3347	3356	3365	3374	3383	3392	
3348	3357	3366	3375	3384	3393	
3349	3358	3367	3376	3385	3394	
3350	3359	3368	3377	3386	3395	
3351	3360	3369	3378	3387	3396	
3352	3361	3370	3379	3388	3397	
3353	3362	3371	3380	3389	3398	
3354	3363	3372	3381	3390	3399	
3355	3364	3373	3382	3391	3400	

Cable - hauled tram railway (Seilbahn)

1   2

Works Cars

No	Type	Builder	Date	Gauge
1980	2xER	Henschel Waggon-Union	1983	1000mm
1981	2xER	Henschel Waggon-Union	1983	1000mm
1982	2xER	Eigenbau	1986	1000mm
2002	T2	Esslingen	1957	1000mm
2003	T2	Esslingen	1957	1000mm
2010	2xE+V-Lok	Gmeinder	1977	1000mm
2011	4xE/V-Lok	Gmeinder	1981	1435mm
2012	4xE/V-Lok	Gmeinder	1983	1435mm
2041	DoT4	Esslingen	1965	1000mm
2101	2xZR	Gmeinder	1997	1435mm
2102	2xZR	Gmeinder	1998	1435mm
2111	2xZR	Gmeinder	1990	1435mm
2112	2xZR	Gmeinder	1999	1435mm
2164	4xZR	Duewag	1980	1435mm
2166	4xZR	Duewag	1980	1435mm
2167	4xZR	Schalke	1992	1435mm
2168	4xZR	Schalke	1992	1435mm

Historic Trams - Stuttgart Historic Tram Museum

No	Type	Builder	Date	Gauge
?	?	?	1909	1000mm
1	2xZR	Esslingen	1868	1435mm
2	4xZR	Esslingen	1926	1000mm
D2	2xZR	Esslingen	1888	1000mm
4	4xZR	Esslingen	1926	1000mm
7	2xZR	Esslingen	1912	1000mm
15	200	Esslingen	1929	1000mm
20	2xZR	Herbrand	1887	1000mm
21	2xZR	Esslingen	1926	1000mm

Stuttgart 1435mm (cont)

Historic Trams - Stuttgart Historic Tram Museum (cont)

No	Type	Builder	Year	Gauge
22	2xZR	Esslingen	1919	1000mm
23	2xZR	Esslingen	1926	1000mm
WN26	2xZR	Herbrand	1912	1000mm
WN32	2xZR	Herbrand	1905	1000mm
104	3xZR	Esslingen	1950	1000mm
118	2xZR	Esslingen	1898	1000mm
120	2xZR	Esslingen	1900	1000mm
WN202	2xZR	Esslingen	1888	1000mm
222	2xZR	Herbrand	1904	1000mm
276	200	Esslingen	1952	1000mm
340	300	Herbrand	1910	1000mm
418	400	Esslingen	1925	1000mm
519	GT4	Esslingen	1959	1000mm
610	600	Esslingen	1929	1000mm
642	GT4	Esslingen	1963	1000mm
722	GT4	Esslingen	1964	1000mm
749	KSW	Fuchs	1949	1000mm
802	700	Esslingen	1957	1000mm
804	800	Esslingen	1957	1000mm
851	2xZR	Uerdingen	1939	1000mm
859	2xZR	Esslingen	1939	1000mm
912	DoT4	Esslingen	1965	1000mm
917	DoT4	Esslingen	1965	1000mm
950	1400	Esslingen	1932	1000mm
999	DoT4	Esslingen	1965	1000mm
1241	1200	Esslingen	1953	1000mm
1255	1200	Esslingen	1929	1000mm
1369	1300	Fuchs	1950	1000mm
1390	1300	Fuchs	1950	1000mm
1511	1500/1600	Fuchs	1954	1000mm
1547	1500/1600	Fuchs	1955	1000mm
1605	1500/1600	Fuchs	1956	1000mm
2023	2xE-Lok	Esslingen	1946	1000mm
2033	T2	Esslingen	1957	1000mm
2051	2xZR	Esslingen	1926	1000mm
2092	2xZR	Esslingen	1944	1000mm
2137	2xZR	SSB	1928	1000mm
2158	2xZR	SSB	1919	1000mm
2163	2xZR	SSB	1947	1000mm
3001	DT8.1	MAN/AEG	1982	1435mm
3006	DT8.3	MAN/BBC	1982	1435mm

Ulm	1897	1000m		5.8km
AM6	2003/2008	Siemens Combino		
41 42	43 44	45 46	47 48	49	50
AM8	1981 - 1982	Duewag	(Ex - Frieburg - im - Breisgau)	

These two trams will be placed back - to - back to form a double ended works tram

208 | 209

Works Cars

No	Type	Builder	Date	No	Type	Builder	Date
21	2xZR	Eigenbau	1964	22	2xZR	MAN	1906

Historic Trams

No	Type	Builder	Date	No	Type	Builder	Date
10	GT4	Esslingen	1964	16	2xZR	Lindner	1910
15	4xER	Esslingen	1958				

Woltersdorf	1913	1435mm	5.6km
M2	1959 - 1961	Gotha	
27	28	29	30	31	32
B2	1960 - 1961	Gotha	
88	89	90	92		

Historic Trams

No	Type	Builder	Date	No	Type	Builder	Date
2	2xZR	O&K	1913	22	KSW	Uerdingen	1944
7	KSW	Uerdingen	1943	24	2xZR	O&K	1913

Works Cars

No	Type	Builder	Date	No	Type	Builder	Date
17	2x	?	1913	19	ATZ	Raw	1965
18	2x	?	?				

Wurzburg	1892	1000mm	18.8km
AM8	1988 - 1989	LHB	
201 202 203	204 205 206	207 208	209 210	211 212	213 214
GT - 8	1968	Duewag	
236	238	239			
AM8	1975	Duewag	
243	244	245	246	248	
AM8	1996 - 1998	LHB	
250 251 252 253	254 255 256 257	258 259 260	261 262 263	264 265 266	267 268 269
GT 6	1962	Duewag	
272					

Wurzburg (cont)

Works Cars

No	Type	Builder	Date	No	Type	Builder	Date
290	2xZR	Robel	1970	294	2xZR	Eigenbau	1947
291	2xER	Rathgeber	1956	296	6xGel2ZR	Duewag	1963
292	2xER	Rathgeber	1951	298	2xZR	Eigenbau	1993
293	2xZR	Robel	1970	299	2xE - Lok	Esslingen	1946

Zwickau 1894 1000mm 12.6km

AM4		1976 - 1988	Tatra (Ex - Plauen)				
215							

AM6		1993 - 1994	AEG				
901	903	905	907	909	911		
902	904	906	908	910	912		

AM4		1983	Tatra				
927							

AM4		1987 - 1990	Tatra				
928	932	936	940	943	946		
929	933	937	941	944	947		
930	934	938	942	945	949		
931	935	939					

Works Car

No	Type	Builder	Date
200	KT4D	Tatra	1988

Historic Trams

No	Type	Builder	Date	No	Type	Builder	Date
7	2xZR	MAN	1912	92	2xZR	Gotha	1960
17	2xZR	Esslingen	1912	133	2xZR	Gotha	1960

Ireland

Dublin		2004		1435mm		
AM6		2002		**Alstom Citadis 301 LRV**		
3001	3006	3011	3015	3019	3023	
3002	3007	3012	3016	3020	3024	
3003	3008	3013	3017	3021	3025	
3004	3009	3014	3018	3022	3026	
3005	3010					
AM6		2003		**Alstom Citadis TGA 401 LRV**		
4001	4004	4007	4009	4011	4013	
4002	4005	4008	4010	4012	4014	
4003	4006					
AM6		2009		**Alstom Citadis 402**		
5001	5006	5011	5015	5019	5023	
5002	5007	5012	5016	5020	5024	
5003	5008	5013	5017	5021	5025	
5004	5009	5014	5018	5022	5026	
5005	5010					

Italy

Bergamo (TEB) — 2009 — 1435mm

AM	2009		Ansaldo Breda		
001	004	007	009	011	013
002	005	008	010	012	014
003	006				

Caligari (FdS) — 2008 — 1435mm

AM	2009		Class Ade 1		
CA 01	CA 05	CA 09	CA 12	CA 15	CA 18
CA 02	CA 06	CA 10	CA 13	CA 16	CA 19
CA 03	CA 07	CA 11	CA 14	CA 17	CA 20
CA 04	CA 08				

Firenze (GEST) — 2009 — 1435mm — 7.4km

AM	2009		Ansaldo Breda Low Floor Tram		
1001	1004	1007	1010	1013	1016
1002	1005	1008	1011	1014	1017
1003	1006	1009	1012	1015	

Frachey-Alpe Ciarcero (Monterosa Ski) 2010 — 797m

Funicular	2010		Gangloff		
1	2				

Genoa — 1990 — 1435mm — 3km

AM6	1989		Firema		
01	02	03	04	05	06

AM6	1992 - 1995		Firema		
07	09	11	13	15	17
08	10	12	14	16	18

Mendola — 2009 (Re-opened) 1000mm — 2.4km

Funicular	2009		Leitner & Agudio		
No 01	No 02				

Messina — 2002 — 1435mm — 7.2km

AM6	2001 - 2002		Alstom		
01T	04T	07T	10T	12T	14T
02T	05T	08T	11T	13T	15T
03T	06T	09T			

Milan — 1878 — 1445mm — 208.8km

M4	1953		Tallero		
501	503	505	507	509	511
502	504	506	508	510	512

Milan (cont)

B4 — 1950 — OM Stanga

531	535	539	543	547	551
532	536	540	544	548	552
533	537	541	545	549	553
534	538	542	546	550	554

M4 — 1941 — OM Stanga

801	803	805	807	809	810
802	804	806	808		

B4 — 1941 - 1950 — Tallero / OM Stanga

831	835	839	842	845	848
832	836	840	843	846	849
833	837	841	844	847	850
834	838				

M4 'Peter Witt Cars' — 1928 - 1930 — Various manufactures

(s) - Trams stored at Famagosta Depot

1503		1605		1708		1800		1870		1935	
1504		1609		1714		1802		1872		1936	
1508	(s)	1611		1719		1803		1874		1940	
1511		1613		1723	(s)	1804	(s)	1877		1944	
1521		1623		1724	(s)	1809		1878		1948	
1526		1625	(s)	1725		1813		1879		1949	
1527		1626	(s)	1726		1819	(s)	1880		1950	
1530		1631		1730		1821		1881		1951	
1531	(s)	1634		1732		1822		1883	(s)	1954	
1533		1635		1736		1825		1886		1955	
1539		1636		1737		1826	(s)	1890	(s)	1956	
1541	(s)	1641		1738		1827	(s)	1892		1957	
1544		1648		1744		1830		1893		1960	
1545	(s)	1650		1745		1833		1895		1963	
1552		1652		1746		1835		1897		1966	
1557	(s)	1656		1747		1836		1898		1968	
1561	(s)	1658		1749		1842	(s)	1899		1970	
1564		1661		1754	(s)	1843		1901		1974	
1565		1662		1756		1846	(s)	1902		1976	
1566		1665		1757		1847	(s)	1915		1978	
1569		1670		1759	(s)	1851		1916		1980	
1575	(s)	1671		1771		1852		1917		1982	
1579		1673		1773		1853		1920		1984	
1580		1677		1782		1855		1921		1986	
1582		1686		1784		1857		1922		1989	
1585		1687		1785		1858		1923		1990	
1589		1688		1787		1860		1924		1993	
1591		1689		1788		1861		1926		1994	
1592		1694	(s)	1789		1862		1927		1997	
1596		1699		1794		1863		1929		1999	
1597		1702		1798		1866		1930		2000	
1600		1703		1799		1867	(s)	1931		2002	
1602		1704									

AM6 — 1955 — OM Stanga

4601	4604	4606	4608	4610	4612
4602	4605	4607	4609	4611	4613
4603					

Milan (cont)

AM6 — 1957 - 1960 — OM Stanga

4714	4716	4718	4720	4722	4724
4715	4717	4719	4721	4723	

AM6 — 1960 — Breda

4725	4727	4729	4731	4732	4733
4726	4728	4730			

AM8 — 1971 - 1974 — ATM / Mauri

4801	4809	4817	4824	4831	4838
4802	4810	4818	4825	4832	4839
4803	4811	4819	4826	4833	4840
4804	4812	4820	4827	4834	4841
4805	4813	4821	4828	4835	4842
4806	4814	4822	4829	4836	4843
4807	4815	4823	4830	4837	4844
4808	4816				

AM8 — 1976 - 1977 — Fiat

4900	4909	4918	4926	4934	4942
4901	4910	4919	4927	4935	4943
4902	4911	4920	4928	4936	4944
4903	4912	4921	4929	4937	4945
4904	4913	4922	4930	4938	4946
4905	4914	4923	4931	4939	4947
4906	4915	4924	4932	4940	4948
4907	4916	4925	4933	4941	4949
4908	4917				

AM8 — 1976 - 1977 — OM Stanga

4950	4959	4968	4976	4984	4992
4951	4960	4969	4977	4985	4993
4952	4961	4970	4978	4986	4994
4953	4962	4971	4979	4987	4995
4954	4963	4972	4980	4988	4996
4955	4964	4973	4981	4989	4997
4956	4965	4974	4982	4990	4998
4957	4966	4975	4983	4991	4999
4958	4967				

AM8 — 1999 - 2002 — Adtranz

7001	7006	7011	7015	7019	7023
7002	7007	7012	7016	7020	7024
7003	7008	7013	7017	7021	7025
7004	7009	7014	7018	7022	7026
7005	7010				

AM8 — 2001 - 2004 — Ansaldo Breda

7101	7108	7115	7122	7129	7136
7102	7109	7116	7123	7130	7137
7103	7110	7117	7124	7131	7138
7104	7111	7118	7125	7132	7139
7105	7112	7119	7126	7133	7140
7106	7113	7120	7127	7134	7141
7107	7114	7121	7128	7135	7142

Milan (cont)

AM8		2001 - 2004	Ansaldo Breda (cont)			
7143	7146	7149	7152	7155	7157	
7144	7147	7150	7153	7156	7158	
7145	7148	7151	7154			

AM		2004-2010	Ansaldo Breda			
7501	7507	7513	7519	7525	7531	
7502	7508	7514	7520	7526	7532	
7503	7509	7515	7521	7527	7533	
7504	7510	7516	7522	7528	7534	
7505	7511	7517	7523	7529	7535	
7506	7512	7518	7524	7530		

AM		2004-2010	Ansaldo Breda			
7601	7607	7613	7619	7624	7629	
7602	7608	7614	7620	7625	7630	
7603	7609	7615	7621	7626	7631	
7604	7610	7616	7622	7627	7632	
7605	7611	7617	7623	7628	7633	
7606	7612	7618				

Naples   1875   1435mm   20km

AM6		1991	Firema			
01	03	05	07	09	11	
02	04	06	08	10	12	

M4		1934 - 1938	Meridionali / Fiore			
952	969	986	1003	1019	1035	
953	970	987	1004	1020	1036	
954	971	988	1005	1021	1037	
955	972	989	1006	1022	1038	
956	973	990	1007	1023	1039	
957	974	991	1008	1024	1040	
958	975	992	1009	1025	1041	
959	976	993	1010	1026	1042	
960	977	994	1011	1027	1043	
961	978	995	1012	1028	1044	
962	979	996	1013	1029	1045	
963	980	997	1014	1030	1046	
964	981	998	1015	1031	1047	
965	982	999	1016	1032	1048	
966	983	1000	1017	1033	1049	
967	984	1001	1018	1034	1050	
968	985	1002				

AM6		2002 - 2006	Ansaldo Breda 'Sirio'			
1101	1105	1109	1113	1117	1120	
1102	1106	1110	1114	1118	1121	
1103	1107	1111	1115	1119	1122	
1104	1108	1112	1116			

Padova		2007		Translohr (Rubber Tyred)	
		2007 - 2008		Translohr	
01	03	05	07	09	11
02	04	06	08	10	

Rome		1882		950mm	18.4km
				1445mm	75.5km

AM8		1953		OM Stanga	
801	802	803			

AM8		1962		Breda	
811	813	814	815	816	817
812					

AM8		1991		Firema	
901	903	905	907	909	911
902	904	906	908	910	912

AM6		1948 - 1949		OM Stanga	
7001	7018	7035	7052	7068	7084
7002	7019	7036	7053	7069	7085
7003	7020	7037	7054	7070	7086
7004	7021	7038	7055	7071	7087
7005	7022	7039	7056	7072	7088
7006	7023	7040	7057	7073	7089
7007	7024	7041	7058	7074	7090
7008	7025	7042	7059	7075	7091
7009	7026	7043	7060	7076	7092
7010	7027	7044	7061	7077	7093
7011	7028	7045	7062	7078	7094
7012	7029	7046	7063	7079	7095
7013	7030	7047	7064	7080	7096
7014	7031	7048	7065	7081	7097
7015	7032	7049	7066	7082	7098
7016	7033	7050	7067	7083	7099
7017	7034	7051			

AM6		1962		OM Stanga	
7101	7102	7103	7104	7105	

M4		1954 - 1955		OM Stanga	
8001	8008	8015	8022	8028	8034
8002	8009	8016	8023	8029	8035
8003	8010	8017	8024	8030	8036
8004	8011	8018	8025	8031	8037
8005	8012	8019	8026	8032	8038
8006	8013	8020	8027	8033	8039
8007	8014	8021			

M4		1958		Breda	
8041	8043				

Rome (cont)

AM6 — 1990 - 1991 — SOCIMI

9001	9006	9011	9016	9020	9024
9002	9007	9012	9017	9021	9025
9003	9008	9013	9018	9022	9026
9004	9009	9014	9019	9023	9027
9005	9010	9015			

AM6 — 1997 - 1998 — Fiat

9101	9106	9111	9116	9121	9125
9102	9107	9112	9117	9122	9126
9103	9108	9113	9118	9123	9127
9104	9109	9114	9119	9124	9128
9105	9110	9115	9120		

AM6 — 1999 - 2003 — Alstom – Fiat

9201	9210	9219	9227	9235	9243
9202	9211	9220	9228	9236	9244
9203	9212	9221	9229	9237	9245
9204	9213	9222	9230	9238	9246
9205	9214	9223	9231	9239	9247
9206	9215	9224	9232	9240	9248
9207	9216	9225	9233	9241	9249
9208	9217	9226	9234	9242	9250
9209	9218				

Sassari — 2009 — 950mm — 2.5km

Sirio — 2009 — Ansaldo-Breda Low Floor

SS01	SS02	SS03	SS04	

Soprabolzano (Renon Tramway) — 1000mm

Note: Information is not available to give all fleet numbers.

BDe4/8 — Ex Trogenerbahn, Switzerland

21	24			

Taormina

Funicular — Leitner 4 Car Set

01	03	05	06	07	08
02	04				

Trieste — 1883 — 1000mm — 5.2km

M4 — 1935 — OM Stanga

401	402	403	404	405	

M4 — 1942 — OM Stanga

406	407				

Turin		1872	1445mm		125.8km
AM6		1959	Fiat		
2800					
AM6		1959 - 1960	ATM Torino		
2801	2811	2821	2831	2840	2849
2802	2812	2822	2832	2841	2850
2803	2813	2823	2833	2842	2851
2804	2814	2824	2834	2843	2852
2805	2815	2825	2835	2844	2853
2806	2816	2826	2836	2845	2854
2807	2817	2827	2837	2846	2855
2808	2818	2828	2838	2847 (p)	2856
2809	2819	2829	2839	2848	2857
2810	2820	2830			
AM6		1983	SEAC		
2858	2866	2874	2882	2890	2897
2859	2867	2875	2883	2891	2898
2860	2868	2876	2884	2892	2899
2861	2869	2877	2885	2893	2900
2862	2870	2878	2886	2894	2901
2863	2871	2879	2887	2895	2902
2864	2872	2880	2888	2896	2903
2865	2873	2881	2889		
M4		1958 - 1959	Fiat		
3250	3255	3260	3265	3270	3275
3251	3256	3261	3266	3271	3276
3252	3257	3262	3267	3272	3277
3253	3258	3263	3268	3273	3278
3254	3259	3264	3269	3274	3279
AM6		1988 - 1989	Fiat / OM Stanga		
5001	5010	5019	5028	5037	5046
5002	5011	5020	5029	5038	5047
5003	5012	5021	5030	5039	5048
5004	5013	5022	5031	5040	5049
5005	5014	5023	5032	5041	5050
5006	5015	5024	5033	5042	5051
5007	5016	5025	5034	5043	5052
5008	5017	5026	5035	5044	5053
5009	5018	5027	5036	5045	5054
AM6		1991 - 1992	Firema / Fiat		
5500	5501				
AM6		2001 - 2002	Alstom – Fiat		
6001	6002	6003	6004	6005	6006

Turin (cont)

AM6		2002 - 2004		Alstom – Fiat		
6007	6015	6023	6031	6039	6047	
6008	6016	6024	6032	6040	6048	
6009	6017	6025	6033	6041	6049	
6010	6018	6026	6034	6042	6050	
6011	6019	6027	6035	6043	6051	
6012	6020	6028	6036	6044	6052	
6013	6021	6029	6037	6045	6053	
6014	6022	6030	6038	6046	6054	

AM6		1983 - 1986		Fiat / Firema		
7000	7009	7018	7027	7035	7043
7001	7010	7019	7028	7036	7044
7002	7011	7020	7029	7037	7045
7003	7012	7021	7030	7038	7046
7004	7013	7022	7031	7039	7047
7005	7014	7023	7032	7040	7048
7006	7015	7024	7033	7041	7049
7007	7016	7025	7034	7042	7050
7008	7017	7026			

Historic Trams

116		1911	2598	Peter Witt	1933
502		1924	3104	PCC	1949
2592	Peter Witt		3501	PCC	
2593	Peter Witt	1911			

Venizia (Mestre Line) 2010   1445mm   12km

M4		2010		Translohr		
01	05	09	12	15	18
02	06	10	13	16	19
03	07	11	14	17	20
04	08				

Netherlands

Alphen A/D Rijn

A32 LRV

6101	6102	6103	6104	6105	6106

Amsterdam 1875 1435mm 138km

AM6 1990 BN

45	48	50	52	54	56
46	49	51	53	55	57
47					

AM6 1993 - 1994 BN

58	60	62	64	66	68
59	61	63	65	67	69

AM6 1996 - 1997 CAF

70	77	83	89	95	101
71	78	84	90	96	102
72	79	85	91	97	103
73	80	86	92	98	104
74	81	87	93	99	105
75	82	88	94	100	106
76					

AM8 1959 - 1963 Schindler

602	611	620	628	637	645
603	612	621	629	638	646
604	613	622	630	639	647
605	614	623	631	640	648
606	615	624	632	641	649
607	616	625	633	642	650
608	617	626	635	643	651
609	618	627	636	644	652
610	619				

AM8 1964 Werkspoor

653	656	659	662	665	668
654	657	660	663	666	669
655	658	661	664	667	

AM8 1966 - 1968 Werkspoor

670	679	690	699	708	717
671	680	691	700	709	718
672	682	692	701	710	719
673	683	693	702	711	720
674	684	694	703	712	721
675	685	695	704	713	722
676	686	696	705	714	723
677	688	697	706	716	724
678	689	698	707		

Amsterdam (cont)

AM8 1979 - 1980 LHB

725	735	744	753	762	771
726	736	745	754	763	772
727	737	746	755	764	773
728	738	747	756	765	774
729	739	748	757	766	775
730	740	749	758	767	776
731	741	750	759	768	777
732	742	751	760	769	778
733	743	752	761	770	779
734					

AM8 1974 - 1975 LHB

* tram 783 will be adapted for a goods tram service

780	784	787	804	810	815
781	785	794	805	813	816
782	786	801*	809	814	

AM8 1990 - 1991 BN

817	822	826	830	834	838
818	823	827	831	835	839
819	824	828	832	836	840
820	825	829	833	837	841
821					

AM8 1989 - 1990 BN

* tram 901 will be adapted for a goods tram service

901*	905	909	912	915	918
902	906	910	913	916	919
903	907	911	914	917	920
904	908				

AM10 1986 Duewag

997	998	999

AM6 2001 - 2006 Siemens 'Combinos'

2001	2018	2035	2052	2069	2086
2002	2019	2036	2053	2070	2087
2003	2020	2037	2054	2071	2088
2004	2021	2038	2055	2072	2089
2005	2022	2039	2056	2073	2090
2006	2023	2040	2057	2074	2091
2007	2024	2041	2058	2075	2092
2008	2025	2042	2059	2076	2093
2009	2026	2043	2060	2077	2094
2010	2027	2044	2061	2078	2095
2011	2028	2045	2062	2079	2096
2012	2029	2046	2063	2080	2097
2013	2030	2047	2064	2081	2098
2014	2031	2048	2065	2082	2099
2015	2032	2049	2066	2083	2100
2016	2033	2050	2067	2084	2101
2017	2034	2051	2068	2085	2102

Amsterdam (cont)

AM6 (cont)

2103	2112	2120	2128	2136	2144
2104	2113	2121	2129	2137	2145
2105	2114	2122	2130	2138	2146
2106	2115	2123	2131	2139	2147
2107	2116	2124	2132	2140	2148
2108	2117	2125	2133	2141	2149
2109	2118	2126	2134	2142	2150
2110	2119	2127	2135	2143	2151
2111					

AM6 — 2004 — Siemens

2201	2202	2203	2204

E6 ZM6d — 1979 - 1985 — Rotax (Ex - Wien)

4941	4946	4947	4948

The Hague — 1864 — 1435mm — 131.4km

AM8 — 1981 - 1984 — BN

3001	3018	3035	3052	3069	3085
3002	3019	3036	3053	3070	3086
3003	3020	3037	3054	3071	3087
3004	3021	3038	3055	3072	3088
3005	3022	3039	3056	3073	3089
3006	3023	3040	3057	3074	3090
3007	3024	3041	3058	3075	3091
3008	3025	3042	3059	3076	3092
3009	3026	3043	3060	3077	3093
3010	3027	3044	3061	3078	3094
3011	3028	3045	3062	3079	3095
3012	3029	3046	3063	3080	3096
3013	3030	3047	3064	3081	3097
3014	3031	3048	3065	3082	3098
3015	3032	3049	3066	3083	3099
3016	3033	3050	3067	3084	3100
3017	3034	3051	3068		

AM8 — 1992–1993 — BN

3101	3109	3117	3125	3133	3141
3102	3110	3118	3126	3134	3142
3103	3111	3119	3127	3135	3143
3104	3112	3120	3128	3136	3144
3105	3113	3121	3129	3137	3145
3106	3114	3122	3130	3138	3146
3107	3115	3123	3131	3139	3147
3108	3116	3124	3132	3140	

AM8 — 1975 - 1977 — Duewag

6037	6057	6058	6064	6098	6099
6055					

A32 — 2002 - 2003 — Bombardier

6101	6102	6103	6104	6105	6106

The Hague (cont)

Works Cars

No	Formerly	Builder	Date	No	Formerly	Builder	Date
H1	[291]	Werkspoor	1926	H7	[297]	Werkspoor	1926
H2	[292]	Werkspoor	1926	H9	[299]	Werkspoor	1926
H3	[293]	Werkspoor	1926	H23	[1207]	BN/ACEC	1963
H4	[294]	Werkspoor	1926	P1	[1302]	BN/ACEC	1989
H6	[296]	Werkspoor	1926	1315	[?]	HTM	1991

Houten   1.9km

AM8   1974–1978   Duewag (Ex - Hannover)

6016	6021				

Randstadrail

This is a private project that run from Den Haag

RailCar LRV   2006 - 2007   Randstad Rail (Regio Citadis)

4001	4010	4019	4028	4037	4046
4002	4011	4020	4029	4038	4047
4003	4012	4021	4030	4039	4048
4004	4013	4022	4031	4040	4049
4005	4014	4023	4032	4041	4050
4006	4015	4024	4033	4042	4051
4007	4016	4025	4034	4043	4052
4008	4017	4026	4035	4044	4053
4009	4018	4027	4036	4045	4054

RailCar   2011   Randstad Rail (Regio Citadis)   HTM

4055	4058	4061	4064	4067	4070
4056	4059	4062	4065	4068	4071
4057	4060	4063	4066	4069	4072

RandstadRail   2008 - 2010   Bombardier

5501	5505	5509	5513	5517	5520
5502	5506	5510	5514	5518	5521
5503	5507	5511	5515	5519	5522
5504	5508	5512	5516		

Rotterdam   1879   1435mm   127.9km

AM6   1969   Werkspoor

606	611	616	621	625	629
607	612	617	622	626	630
608	613	618	623	627	631
609	614	619	624	628	632
610	615	620			

AM6   1966   SGP

656	706	712	718	724	730
701	707	713	719	725	731
702	708	714	720	726	732
703	709	715	721	727	733
704	710	716	722	728	734
705	711	717	723	729	735

Rotterdam (cont)

AM6		1966		SGP		
736	739	742	745	747	749	
737	740	743	746	748	750	
738	741	744				

AM6		1984 - 1988		Duewag		
815	828	834	839	847	848	
823	830	835	840			

AM8		1969		Werkspoor		
1602	1608	1616	1623	1627	1631	
1603	1609	1617	1624	1628	1632	
1605	1610	1620	1625	1629	1633	
1606	1614	1622	1626	1630	1635	
1607						

AM6		2002 - 2004		Alstom		
2001	2011	2021	2031	2041	2051	
2002	2012	2022	2032	2042	2052	
2003	2013	2023	2033	2043	2053	
2004	2014	2024	2034	2044	2054	
2005	2015	2025	2035	2045	2055	
2006	2016	2026	2036	2046	2056	
2007	2017	2027	2037	2047	2057	
2008	2018	2028	2038	2048	2058	
2009	2019	2029	2039	2049	2059	
2010	2020	2030	2040	2050	2060	

AM6		2009 -		Alstom Citadis 302C		
2101	2110	2119	2128	2137	2146	
2102	2111	2120	2129	2138	2147	
2103	2112	2121	2130	2139	2148	
2104	2113	2122	2131	2140	2149	
2105	2114	2123	2132	2141	2150	
2106	2115	2124	2133	2142	2151	
2107	2116	2125	2134	2143	2152	
2108	2117	2126	2135	2144	2153	
2109	2118	2127	2136	2145		

Type RSG3		2008		Sneltram		
5501						

Works Cars

| 805 | Duewag | Works Car | | 819 | Duewag | Museum Car |
| 818 | Duewag | Driver Training | | | | |

Utrecht		1983		1435mm		21.5km
T		1990 - 1991		Rotax JM6d (Ex Wein)		
1901	1934	1937	1940	1942	1946	
1932	1935	1939	1941	1945		
E6		1990 - 1991		Rotax JM6d (Ex Wein)		
4901	4913	4925	4938	4943	4947	
4905	4916	4929	4940	4946	4948	
4909	4917	4932	4941			
AM6		1983		SIG		
5001	5006	5011	5016	5020	5024	
5002	5007	5012	5017	5021	5025	
5003	5008	5013	5018	5022	5026	
5004	5009	5014	5019	5023	5027	
5005	5010	5015				
Party Tram Ex - Bonn						
437						
E6 JM6d		1990 - 1991		Rotax (Ex - Wein)		
932	4913	4932	4946			
934	4917	4941				
935	4929	4943				

Norway

Bergen — 2008 - 2010 — 32km

AM — 2008 - 2010 — Stadler Variobahn

201	203	205	207	209	211
202	204	206	208	210	212

Works Car
5090   6xGel2ZR   Schorling   1993   Track Scrubber

Gråkallbanen

1984 — LHB Siemens GT6C

201	203	205	207	209	211
202	204	206	208	210	212

Oslo — 1875 — 1435mm — 38.3km

AM6 — 1982 - 1983 — Duewag / Strommen

101	106	110	114	118	122
102	107	111	115	119	123
103	108	112	116	120	124
104	109	113	117	121	125
105					

AM6 — 1989 - 1990 — Duewag / Strommen

126	129	132	135	137	139
127	130	133	136	138	140
128	131	134			

AM8 — 1998 - 2006 — Ansaldo / Firema

141	147	153	158	163	168
142	148	154	159	164	169
143	149	155	160	165	170
144	150	156	161	166	171
145	151	157	162	167	172
146	152				

M4 — 1990 — Tatra

200					

M4 — 1952 - 1957 — Hoka

201	203	205	207	209	211
202	204	206	208	210	

M4 — 1952 - 1953 — Hoka

212	220	223			

Oslo (cont)

M4		1956 - 1958		Hoka		
235	240	245	249	253	257	
236	241	246	250	254	258	
237	242	247	251	255	259	
238	243	248	252	256	260	
239	244					

M4		1958 - 1959		Hagglund		
264	270	276	282	288	294	
265	271	277	283	289	295	
266	272	278	284	290	296	
267	273	279	285	291	297	
268	274	280	286	292	298	
269	275	281	287	293	299	

B4		1955 - 1956		Hoka		
551	556	561	566	571	576	
552	557	562	567	572	577	
553	558	563	568	573	578	
554	559	564	569	574	579	
555	560	565	570	575	580	

B4		1953		Hagglund		
582	584	586	588	590	591	
583	585	587	589			

Trondheim   1901   1000mm   8.8km

AM6		1984 - 1985		LHB					
90	[11]	92	[2]	94	[4]	96	[6]	98	[8]
91	[1]	93	[3]	95	[5]	97	[7]	99	[9]
100	[10]								

Historic Trams - Museum

No	Builder	Date	No	Builder	Date
TS1	Skabo/SSW	1903	TS26	HAWA/SSW	1922
TS3	HAWA/SSW	1924	TS29	Strommen/NEBB	1958
TS5	Hoka/SSW	1955	TS33	HAWA/SSW	1922
TS8	Dalsenget/SSW	1942	GB54	Skabo	1947
TS8	Skabo/BTH	1942	GB55	HOKA	1955
TS14	Strommen/NEBB	1957	TS58	Strommen	1958
TS19	Strommen/NEBB	1957	TS69	HAWA	1922
TS21	Skabo/SSW	1914	TS71	Hasselt	1951
TS22	Strommen/NEBB	1957	?	Stephenson	1875 / 1918

Sporveishistorisk Forening

Historic Trams

14	Strømmen	1957
19	Strømmen	1957
21	Strømmen	1957
22	Strømmen	1957
29	Strømmen	1958
71	Hasselt	1956

Portugal

Lisbon — 1873 — 900mm — 53km

M2 — 1937 - 1938 — CCFL

3	4				

M2 — 1995 - 1996 — CCFL

5	6	7	8	9	

AM6 — 1995 — CAF

501	502	503	504	505	506

AM6 — 1995 - 1996 — Sorefame

507	508	509	510		

M2 — 1995 - 1996 — CCFL

541	549	557	565	572	579
542	550	558	566	573	580
543	551	559	567	574	581
544	552	560	568	575	582
545	553	561	569	576	583
546	554	562	570	577	584
547	555	563	571	578	585
548	556	564			

M2 — 1936 - 1947 — CCFL

701	709	717	724	731	738
702	710	718	725	732	739
703	711	719	726	733	740
704	712	720	727	734	741
705	713	721	728	735	742
706	714	722	729	736	743
707	715	723	730	737	744
708	716				

Lisbon — 2007 — MST - Metro do Sul Tejo Light Rail System

Type C — 2007 — Siemens 'Combino'

C 001	C 005	C 009	C 013	C 017	C 021
C 002	C 006	C 010	C 014	C 018	C 022
C 003	C 007	C 011	C 015	C 019	C 023
C 004	C 008	C 012	C 016	C 020	C 024

Porto — 1870 — 1435mm — 8.3km

JM6 — 2001 - 2002 — Bombardier

001	010	019	028	037	046
002	011	020	029	038	047
003	012	021	030	039	048
004	013	022	031	040	049
005	014	023	032	041	050
006	015	024	033	042	051
007	016	025	034	043	052
008	017	026	035	044	053
009	018	027	036	045	054

Porto (cont)

JM6 (cont)

055	058	061	064	067	070
056	059	062	065	068	071
057	060	063	066	069	072

AM6 — 2009 — Bombardier Flexity Swift

101	106	111	116	121	126
102	107	112	117	122	127
103	108	113	118	123	128
104	109	114	119	124	129
105	110	115	120	125	130

M2 — 1910 - 1912 — Brill

131	143	169			

M2 — 1938 - 1945 — CCFP

205	216	218	220	221	222
213					

M4 — 1928 — CCFP

277					

Sintra — 1903 — 1000mm — 7.2km

M2 — 1903 — Brill

1	6	7			

M2 — 1903 (1947) — Brill (Sintra)

2	3	4	5		

B2 — 1903 — Brill

8	10				

B2 — 1903 — Brill

9	11	12	13	14	

M4 — 1906 — Brill (Ex - Lisbon)

323					

Spain

Alicante — 1999 — 1000mm — 4.6km

AM6 — 1992 — Duewag

500					

AM6 — 2007 — Re - bodied diesel units LRV

2501	2503	2505	2507	2509	2511
2502	2504	2506	2508	2510	2512

AM6 — 2007 - 2008 — Bombadier 'Flexity'

4001	4003	4005	4007	4009	4010
4002	4004	4006	4008		

AM6 — 2007 — Vossloh Dual - System LRV

4101	4103	4105	4107	4108	4109
4102	4104	4106			

Flexity Tram — 2007 - 2008 — Bombardier

4201	4203	4210	4212	4214	4230
4202	4205	4211	4213	4223	

Barcelona — 1872 — 1435mm — 2.8km

M2 — 1904 - 1915 — Estrada

1	4	6	8	10	129
2	5	7			

AM6 — 2002 - 2004 — Alstom

111.01	111.05	111.08	111.11	111.14	111.17
111.02	111.06	111.09	111.12	111.15	111.18
111.03	111.07	111.10	111.13	111.16	111.19
111.04					
211.01	211.03	211.05	211.07	211.09	211.11
211.02	211.04	211.06	211.08	211.10	

AM — 2004 — 2 Car Tram

501	502	503	504		

AM6 — 2008 — Alstom Citadis

01	08	14	20	26	32
02	09	15	21	27	33
03	10	16	22	28	34
04	11	17	23	29	35
05	12	18	24	30	36
06	13	19	25	31	37
07					

Bilbao — 2002 — 1435mm — 4.5km

AM6 — 2002 - 2007 — CAF

401	403	405	406	407	408
402	404				

2007 — Carde y Escoriaza (Restaurant Car)

U - 52					

Cadiz	2008		24km

Note: 7 vehicles have been ordered.

AM	2008	CAF Low Floor Tram	

Corunna	1997	1000mm	5.1km
M2	1996	CAF	
27			
M2	1920	Carde y Escoriazia	
32			
M2	1938	Carde y Escoriazia	
57			
M2	1947 / 1936	CCFL	
100	101		
M2	1938 - 1945	CCFP (Ex - Porto)	
201	212	214	

Jaen	2009 - 2011	4.7km

This is a new system but very little information is available yet

Jerez De La Frontera 2008 - 2010	7.6km

This is a new system but very little information is available yet

León	2008 - 2015	15.9km

This is a new system but very little information is available yet

Madrid	2004	Tranvía de Madrid

Tranvía de Parla

Type 01		2007		Alsthom	
01	03	05	07	08	09
02	04	06			

Madrid (cont)
Metro Ligero Oeste

Type 100		2007		Alsthom	
101	106	111	116	120	124
102	107	112	117	121	125
103	108	113	118	122	126
104	109	114	119	123	127
105	110	115			

Metro Ligero Madrid

Type 100		2007		Alsthom	
128	136	143	150	157	164
129	137	144	151	158	165
130	138	145	152	159	166
131	139	146	153	160	167
132	140	147	154	161	168
133	141	148	155	162	169
134	142	149	156	163	170
135					

Málaga 2007 Tranvía de Vélez - Málaga /Metro de Málaga

Type 001 (5 Unit Tram)		2007 - 2008		CAF	
001	004	007	010	013	016
002	005	008	011	014	017
003	006	009	012	015	

Double-ended low floor LRV   **CAF**

Note: 14 vehicles have been ordered for a new section from Héroe de Sostoa to Martin Carpena.

Mallorca 2010 30.4km

Note: The project is to reopen the Manacor-Arta narrow gauge line closed 1977.

Murcia 2009 - 2011 17km

Note: The planned opening will be 2011.

Parla 2007 5km

AM6		2007 - 2008		Alstom 'Citadis'	
01	03	05	07	08	09
02	04	06			

Santa Cruz de Tenerife 2007 — 12.5km

AM6 — 2007 — Alstom 'Citidis'

01	05	09	12	15	18
02	06	10	13	16	19
03	07	11	14	17	20
04	08				

Sevilla — 2010

New Tram System under construction

Urbos II — 2010 - — CAF

| 101 | 102 | 103 | 104 | 105 | |

Soller — 1913 — 914mm — 5km

M2 — 1913 - 1916 — Carde y Escoriazia

| 1 | 2 | 3 | | | |

B2 — 1913 - 1916 — Carde y Escoriazia

| 5 | 6 | 8 | 9 | 10 | 11 |

M2 — 1936 - 1938 — Lisboa

| 20 | 21 | 22 | 23 | 24 | |

B4 — 2001 - 2002 — Soller

| Jardinera 1 | Jardinera 2 | Jardinera 3 | Jardinera 4 | Jardinera 5 | Jardinera 6 |

Tenerife — 2005 - 2006 — Tranvía de Tenerife

Type 001 5 Car Articulated Unit 2005 - 2006 — Alsthom

01	101 - 1 101 - 2 101 - 3 101 - 4 101 - 5	11	111 - 1 111 - 2 111 - 3 111 - 4 111 - 5
02	102 - 1 102 - 2 102 - 3 102 - 4 102 - 5	12	112 - 1 112 - 2 112 - 3 112 - 4 112 - 5
03	103 - 1 103 - 2 103 - 3 103 - 4 103 - 5	13	113 - 1 113 - 2 113 - 3 113 - 4 113 - 5
04	104 - 1 104 - 2 104 - 3 104 - 4 104 - 5	14	114 - 1 114 - 2 114 - 3 114 - 4 114 - 5
05	105 - 1 105 - 2 105 - 3 105 - 4 105 - 5	15	115 - 1 115 - 2 115 - 3 115 - 4 115 - 5
06	106 - 1 106 - 2 106 - 3 106 - 4 106 - 5	16	116 - 1 116 - 2 116 - 3 116 - 4 116 - 5
07	107 - 1 107 - 2 107 - 3 107 - 4 107 - 5	17	117 - 1 117 - 2 117 - 3 117 - 4 117 - 5
08	108 - 1 108 - 2 108 - 3 108 - 4 108 - 5	18	118 - 1 118 - 2 118 - 3 118 - 4 118 - 5
09	109 - 1 109 - 2 109 - 3 109 - 4 109 - 5	19	119 - 1 119 - 2 119 - 3 119 - 4 119 - 5
10	110 - 1 110 - 2 110 - 3 110 - 4 110 - 5	20	120 - 1 120 - 2 120 - 3 120 - 4 120 - 5

Valencia — 1888 — 1000mm — 219km

Type 600 — 1998 — Siemens (Ex - Érfurt)

| 609 | 610 | 612 | 614 | | |

Type 1200 — Bombardier (Ex - Lodz)

| 1202 | 1203 | 1206 | 1210 | | |

AM6 (3800 series) — 1993 - 1994 — Duewag / CAF

3801	3805	3809	3813	3816	3819
3802	3806	3810	3814	3817	3820
3803	3807	3811	3815	3818	3821
3804	3808	3812			

Valencia (cont)

AM6		1999		Duewag / CAF 3000 series		
3822	3823	3824	3825			

AM6		2004		Siemens		
4200						

AM6		2007 - 2008		Bombardier Flexity		
4204	4209	4217	4220	4224	4227	
4206	4215	4218	4221	4225	4228	
4207	4216	4219	4222	4226	4229	
4208						

4 Car Tramtrain (4300 series) 2006 - 2007 Alstom						
4301	4305	4309	4312	4315	4318	
4302	4306	4310	4313	4316	4319	
4303	4307	4311	4314	4317	4320	
4304	4308					

4 Car Tramtrain (4350 series) 2006 - 2007 Alstom						
4351	4355	4359	4362	4365	4368	
4352	4356	4360	4363	4366	4369	
4353	4357	4361	4364	4367	4370	
4354	4358					

AM		2007 - 2008 Alstom Citadis 302				
M1 01	M1 03	M1 05	M1 06	M1 07	M1 08	
M1 02	M1 04					

Vitoria-Gasteiz 2002 1000mm 5km

AM6		2007-2010		CAF		
501	503	505	507	509	510	
502	504	506	508			

Zaragoza 2011

Note: A 700m monorail opened in the Plaza Imperial shopping complex.

Urbos-3	2009 -	CAF

Note: An order for 25 vehicles have been placed with CAF with ACR energy storage system to permit operation away from overhead wire.

Sweden

Goteborg	1879	1435mm	143km

AM6 — 1984 - 1991 — ASEA

Units being renumbered from 2xx to 3xx when fitted with low - floor sections.

300	315	329	342	355	368
301	316	330	343	356	369
302	317	331	344	357	370
303	318	332	345	358	371
304	319	333	346	359	372
305	320	334	347	360	373
307	321	335	348	361	374
308	322	336	349	362	375
309	323	337	350	363	376
310	324	338	351	364	377
311	325	339	352	365	378
312	326	340	353	366	379
313	327	341	354	367	380
314	328				

AM6 — 2003 - 2007 — Ansaldo Breda 'Sirio' M32

401	408	415	422	429	435
402	409	416	423	430	436
403	410	417	424	431	437
404	411	418	425	432	438
405	412	419	426	433	439
406	413	420	427	434	440
407	414	421	428		

M4 — 1965 - 1967 — ASJ

701	713	725	736	747	759
702	714	726	737	748	760
703	715	727	738	749	761
704	716	728	739	751	762
705	717	729	740	752	763
706	718	730	741	753	764
707	719	731	742	754	765
708	720	732	743	755	766
709	721	733	744	756	767
710	722	734	745	757	768
711	723	735	746	758	770
712	724				

M4 — 1969 - 1972 — Hagglund

801	811	821	831	841	851
802	812	822	832	842	852
803	813	823	833	843	853
804	814	824	834	844	854
805	815	825	835	845	855
806	816	826	836	846	856
807	817	827	837	847	857
808	818	828	838	848	858
809	819	829	839	849	859
810	820	830	840	850	860

Goteborg (cont)

Works Car M4	1952	Hoka				
143 [201]						

Norrkoping 1904 1435mm 13km

AM6	1989	MAN				
21						

AM6	1990–1991	MAN				
22	23	24				

AM6	2006 -	Bombardier Low Floor				
31	32					

AM8	1966 - 1967	Duwag				
61	63	65	67	69	70	
62	64	66	68			

AM6	1966	Duwag (Ex - Duisburg)				
71						

AM8	1966	Duwag				
72	75					

M4	1967	ASJ				
81	84	86	89	90	91	
82	85	87				

AM6	Duwag (Ex - Kassel)					
119 [570]						

Stockholm 1877 1435mm 28.8km

AM6	2006-2009	Bombardier (low-floor) - ex Norrköping				
Hired from Norrköping with new liveries but numbers remain the same						
33	34	35				

AM6	2003-2006	Bombardier Type S				
Note: Hired from Frankfurt with new liveries but numbers remain the same.						
262	263	264				

M4	1944 - 1952	ASEA				
301	306	311	315	319	322	
303	307	312	316	320	323	
304	308	313	317	321	324	
305	309	314	318			

M4	1949 - 1952	Hagglund				
328	329	330	331	332	333	

Stockholm (cont)

AM6		1999 - 2002		Bombardier		
401	405	409	413	417	420	
402	406	410	414	418	421	
403	407	411	415	419	422	
404	408	412	416			

AM		2008 - 2009		Bombardier A32 LRV		
423	425	427	429	430	431	
424	426	428				

B4		1944 - 1952		ASJ		
601	604	606	608	610	612	
602	605	607	609	611	613	
603						

B4		1951 - 1952		Hagglund		
615	616	617	618			

In the leisure area of Djurgaarden is the tram museum and in summer they supplement the normal services with historic trams.
These trams belong to the Malmköping Tram Museum
Some of these trams have been noted:-

71	211	342	604
76	302	373	9207
210	335	521	

M4		1944 - 1952		ASEA Works Car		
310						

Switzerland

Basel — 1895 — 1000mm — 87km

AM6 — 1971 - 1976 — Schindler

101	104	107	110	112	114
102	105	108	111	113	115
103	106	109			

AM6 — 1967 — Duwag

123	135	136	141	143	

Be6/10 — 2008 — Stadler Tango

151	158	165	172	178	184
152	159	166	173	179	185
153	160	167	174	180	186
154	161	168	175	181	187
155	162	169	176	182	188
156	163	170	177	183	189
157	164	171			

Be4/6* or Be 4/8 — 1976 - 1980 — Schindler

201	209	216	223*	230*	237
202	210	217	224*	231	238
203	211	218	225*	232	239*
204	212	219	226*	233	240
205	213	220	227*	234*	241*
206	214	221	228*	235*	242
207	215	222	229*	236	243*
208					

Be4/6* or Be 4/8 — 1980 - 1981 — Schindler

244	248	252	256	260	264
245	249	253	257*	261*	265
246	250	254	258*	262	266
247	251	255	259*	263	

Be 6/8 — 2000 - 2002 — Siemens

301	306	311	316	321	325
302	307	312	317	322	326
303	308	313	318	323	327
304	309	314	319	324	328
305	310	315	320		

M4 — 1948 - 1958 — Schindler

401	411	421	430	439	448
402	412	422	431	440	449
403	413	423	432	441	450
404	414	424	433	442	451
405	415	425	434	443	452
406	416	426	435	444	453
407	417	427	436	445	454
408	418	428	437	446	455
409	419	429	438	447	456
410	420				

Basel (cont)

Be 4/4 — 1967 - 1968 — Schindler

457	461	465	468	471	474
458	462	466	469	472	475
459	463	467	470	473	476
460	464				

M4 — 1986 - 1987 — Schindler

477	482	487	491	495	499
478	483	488	492	496	500
479	484	489	493	497	501
480	485	490	494	498	502
481	486				

AM6 — 1967 — Duwag

603	607	611	614	617	620
604	608	612	615	618	621
605	609	613	616	619	622
606	610				

AM6 — 1972 — Duewag

623	629	636	642	647	654
624	630	637	643	650	655
625	631	638	644	651	656
626	632	639	645	652	657
627	633	640	646	653	658
628	635	641			

AM8 — 1990 - 1991 — Schindler

659	664	669	674	679	683
660	665	670	675	680	684
661	666	671	676	681	685
662	667	672	677	682	686
663	668	673	678		

B4 — 1973 — FFA

1301	1302	1303			

B4 — 1947 - 1948 — FFA

1304	1316	1317	1318	1319	1322
1305					

B3 — 1943 — SIG / BVB

1326	1328				

B3 — 1956 - 1958 — SLM / BVB

1333	1334	1335	1336	1337	1338

B3 — 1960 - 1964 — SLM / BVB

1339	1340	1341	1342	1343	1344

B4 — 1961 - 1962 — FFA

1420	1423	1426	1429	1432	1434
1421	1424	1427	1430	1433	1435
1422	1425	1428	1431		

Basel (cont)

B4 — 1967 - 1969 — FFA

1436	1443	1450	1457	1464	1470
1437	1444	1451	1458	1465	1471
1438	1445	1452	1459	1466	1472
1439	1446	1453	1460	1467	1473
1440	1447	1454	1461	1468	1474
1441	1448	1455	1462	1469	1475
1442	1449	1456	1463		

B4 — 1971 - 1972 — FFA

1476	1481	1487	1492	1497	1502
1477	1483	1488	1493	1498	1503
1478	1484	1489	1494	1499	1504
1479	1485	1490	1495	1500	1505
1480	1486	1491	1496	1501	1506

Works Cars

Class	No	Builder	Date	Class	No	Builder	Date
Xe2/2	112	SWS/BBC	1905	Xe2/2	2021	SWS/BBC	1921
Xe2/3	113	Bautzen/SLM	1902	Xe2/2	2022	SWS/BBC	1926
Xe2/2	2017	SIG/BBC	1930	Xe2/2	2023	SWS/BBC	1931
Xe2/2	2018	SWS/BBC	1919	Xe4/4	2330	Windhoff	1995
Xe2/2	2019	SWS/BBC	1921				

Museum Cars

AM6	158	Duwag.	1967

Bern — 1890 — 1000mm — 17.2km

AM8 — 1987 - 1988 — Schindler

81	83	85	87	88	89
82	84	86			

B4 — 1951 — FFA

327 (M)					

B4 — 1960 - 1961 — Schlieren

331	335	337	338	339	340
333	336				

Be4/4 — 1947 - 1948 — SWS

604	605	607	613	614

M4 — 1960 - 1961 — Schlieren

621	623	624	625	626	628
622					

Be6/8 — 2010-2011 — Siemens Combino

651	655	659	663	666	669
652	656	660	664	667	670
653	657	661	665	668	671
654	658	662			

AM8 — 1973 — Schlieren

719 (Reserve)				

Bern (cont)

AM8		1989 - 1990		Vevey		
731	733	735	737	739	741	
732	734	736	738	740	742	

AM6		2002 - 2009		Siemens		
751	754	757	760	762	764	
752	755	758	761	763	765	
753	756	759				

Be 6/8		2009 - 2010		Siemens Combino		
771	775	779	783	787	790	
772	776	780	784	788	791	
773	777	781	785	789	792	
774	778	782	786			

Works Cars

Class	No	Builder	Date	Class	No	Builder	Date
Xe2/2	501	SWS / MFO	1910	Xe4/4	503	SIG / MFO	1936
Xe2/2	502	SWS / MFO	1920				

Bex   1898   1000mm   3.4km

M3		1948		Schlieren		
15	16					

Geneva   1862   1000mm   9.6km

AM6 Be4/6		1987 - 1989		Vevey		
301	"Galliard"	809	"Aire-la-Ville"	817	"Dardagny"	
302	"Lancy"	810	"Ville de Geneve"	818	"Satigny"	
303	"Carouge"	811	"Collonge Bellerive"	819	"Anieres"	
304	"Chune-Bougieries"	812	"Avully"	820	"Cartigny"	
305	"Thonex"	813	"Avucy"	821	"Bernex"	
306	"Chune-Bourg"	814	"Bardonnex"	822	"Chancy"	
307	"Celigny"	815	"Bellevue"	825	"Choulex"	
308	"Onex"	816	"Vernier"	826	"Confignon"	

AM8 Be4/8		1987 - 1989		Vevey		
831	"Gy"	839	"Russin"	846	"Vandoeuvre"	
832	"Hermance"	840	"Laconnex"	847	"Genthod"	
833	"Perly-Certoux"	841	"Plan-les-Ouates"	848	"Corsier"	
834	"Jussy"	842	"Pregny-Chambesy"	849	"Veyrier"	
835	"Grand-Saconnex"	843	"Presinge"	850	"Colongy"	
836	"Puplinge"	844	"Meinier"	851	"Versoix"	
837	"Meyrin"	845	"Soral"	852	"Colley-Bossy"	
838	"Troinex"					

AM8		2005 - 2010		Bomardier Flexity		
861	868	875	882	888	894	
862	869	876	883	889	895	
863	870	877	884	890	896	
864	871	878	885	891	897	
865	872	879	886	892	898	
866	873	880	887	893	899	
867	874	881				

Geneva (cont)

Works Car

Class	No	Builder	Date
Xe4/4	T01	Herbrand	1901

Lausanne 1991 1435mm 7.8km

AM6 — 1990 - 1997 — Vevey

201	204	207	210	213	216
202	205	208	211	214	217
203	206	209	212	215	

Works Vehicles

Class	No	Builder	Date	Class	No	Builder	Date
Tm2/2	6101	CFD/Baudouin	1977	Xm1/2	6102	Robel/Deutz	1957

Neuchatel 1892 1000mm 7.6km

M4 — 1981 — Schlieren

501	"Boudry"	503	"Colombier"	504	"Cortaillod"
502	"Auvernier"				

M4 — 1988 — Schindler

505	"Ville de Neuchatel"	506	"Ville de Neuchatel"

M4 — 1981 — Schlieren

551	552	553	554

Zurich 1892 1000mm 68.9km

Cargo Tram

192

B4 — 1953 — SIG

767	770

B4 — 1959 - 1963 — SIG / FFA

780	782	785	790

M4 — 1959 - 1960 — Schlieren

1422	1427	1430

AM6 — 1966 - 1968 — Schlieren / SIG Mirage

1607	1635	1647	1658	1668	1678
1608	1637	1648	1659	1669	1679
1610	1638	1649	1660	1670	1680
1617	1640	1650	1661	1671	1681
1621	1641	1651	1662	1672	1682
1625	1642	1652	1663	1673	1684
1626	1643	1653	1664	1674	1685
1627	1644	1655	1665	1675	1686
1629	1645	1656	1666	1676	1688
1634	1646	1657	1667	1677	

Zurich (cont)

AM6 — 1968 - 1969 — Schlieren / SIG / Schindler

692(s)	1698	1705(s)	1710	1716	1722(s)
693	1699	1706	1711	1717	1723
694	1701	1707	1712	1719	1724
695	1702	1708	1713	1720	1725
696(s)	1703	1709	1714	1721	1726
697	1704				

Be 6/6 — 1961 — SIG/BBC

892	Restaurant Tram

AM6 — 1976 - 1978 — Schlieren / Schindler

2001	"Hongg"	2016		2031	
2002	"Seebach"	2017		2032	
2003	"Unterstrass"	2018		2033	
2004		2019		2034	
2005	"Industriequartier"	2020		2035	
2006	"Fluntern"	2021	"Albisrieden"	2036	
2007	"Enge"	2022		2037	"Oberstrass"
2008	"Friesenberg"	2023		2038	"Witikon"
2009	"Triemli"	2024		2039	"Rennweg"
2010	"Wipkingen"	2025		2040	"Rechts der Limmat"
2011	"Oerlikon"	2026		2041	"Hottingen"
2012	"Wipkingen"	2027		2042	"Altstetten"
2013		2028		2043	
2014		2029		2044	"Wollishofen"
2015		2030	"Hirslanden"	2045	"Riesbach"

AM6 — 1985 - 1987 — Schindler / SIG

2046	2055	2064	2073	2082	2091
2047	2056	2065	2074	2083	2092
2048	2057	2066	2075	2084	2093
2049	2058	2067	2076	2085	2094
2050	2059	2068	2077	2086	2095
2051	2060	2069	2078	2087	2096
2052	2061	2070	2079	2088	2097
2053	2062	2071	2080	2089	2098
2054	2063	2072	2081	2090	

AM6 — 1991–1992 — Schindler

These trams have had low floor sections added

2099	2103	2107	2111	2115	2119
2100	2104	2108	2112	2116	2120
2101	2105	2109	2113	2117	2121
2102	2106	2110	2114	2118	

AM6 — 1978 — Schlieren / Schindler

2301	2304	2307	2310	2312	2314
2302	2305	2308	2311	2313	2315
2303	2306	2309			

AM6 — 1985 - 1987 — Schindler

2401	2405	2409	2412	2415	2418
2402	2406	2410	2413	2416	2419
2403	2407	2411	2414	2417	2420
2404	2408				

Zurich (cont)

AM6		1992		Schindler		
2421	2426	2430	2434	2438	2442	
2422	2427	2431	2435	2439	2443	
2423	2428	2432	2436	2440	2444	
2424	2429	2433	2437	2441	2445	
2425						

AM6		2001 - 2002		Bombardier 'Cobra'		
3001	3002	3003	3004	3005	3006	

AM6 Be5/6		2006 - 2007		Bombardier 'Cobra'		
3007	3017	3026	3035	3044	3053	
3008	3018	3027	3036	3045	3054	
3009	3019	3028	3037	3046	3055	
3010	3020	3029	3038	3047	3056	
3011	3021	3030	3039	3048	3057	
3012	3022	3031	3040	3049	3058	
3013	3023	3032	3041	3050	3059	
3014	3024	3033	3042	3051	3060	
3015	3025	3034	3043	3052	3061	
3016						

AM6 Be5/6		2008 - 2009		Bombardier 'Cobra'		

Note: These trams will be used on the Gattalbahn the new tramway serving the area around Zürich's Kloten airport.

3062	3067	3072	3077	3081	3085
3063	3068	3073	3078	3082	3086
3064	3069	3074	3079	3083	3087
3065	3070	3075	3080	3084	3088
3066	3071	3076			

AM6 Be5/6		2006 - 2007		Bombardier 'Cobra'		
4041	4047	4053	4059	4065	4070	
4042	4048	4054	4060	4066	4071	
4043	4049	4055	4061	4067	4072	
4044	4050	4056	4062	4068	4073	
4045	4051	4057	4063	4069	4074	
4046	4052	4058	4064			

Works Cars

Class	No	Builder	Date	Use
Xe4/4	1921	SWS/VBZ/MFO	1940	Snowplough
Xe4/4	1922	SWS/VBZ/MFO	1940	Snowplough
Xe4/4	1923	SWS/VBZ/MFO	1941	Snowplough
Xe4/4	1924	SWS/VBZ/MFO	1942	Snowplough
Xe4/4	1925	SWS/VBZ/MFO	1942	Snowplough
Xe4/4	1926	SWS/VBZ/MFO	1945	Snowplough
Xe4/4	1927	SWS/VBZ/PIFO	1942	Snowplough
Xe4/4	1928	SWS/VBZ/MFO	1942	Snowplough
Xe4/4	1929	SWS/VBZ/MFO	1942	Snowplough
Xe2/2	1951	SWS/MFO/BBC	1924	Crane Car
Xe2/2	1953	Crede/VBZ/Kiepe	1963	Crane Car

Zurich (Forchbahn)

M4		1959 - 1966	Schlieren			
2	13	14	15	16		
M8		**1976 - 1986**	**Schlieren / Schindler**			
1	23	26	28	30	32	
2	25	27	29	31		
M4		**1994**	**Schindler / SIG**			
1	53	55	56	57	58	
2	54					
B4		**1967 - 1968**	**Schlieren / Schindler**			
102	104	105	106	107	108	
103						
B4		**1981 - 1982**	**Schlieren / Schindler**			
201	202	203	204			

Funicular Railways in Western Europe

No information on fleet numbers or number of vehicles

Funicular Railways found in Austria

Arlberg-Kandahar-Bahn	
Dorfbahn Serfhaus	
Festungsbahn Hohensalzburg	Kapitelplatz - Festung Hohensalzburg
Gipfelbahn Kitzsteinhorn	Gletscherplateau - Gipfelstation
Gletscherbahn	Pasterzengletscher - Freiwandeck
Gletscherbahn Kaprun II	Kaprun Thörl - Alpincenter Kaprun
Golmerbahn 1	Latschau - Matschwitz
Golmerbahn 2	Matschwitz - Golm
Grazer Schlossbergbahn	
Hallstätter Salzbergbahn	Hallstatt/Lahn - Rudolfsturm
Hartkaiserbahn	Ellmau - Hartkaiser
Hungerburgbahn	Innsbruck - Hungerburg
Lärchwandschrägaufzug	Oberhalb Kesselfall - Mooserbodenstrasse
Limbergstollenschrägaufzug	Unterhalb Kesselfall - Bertgstein
Olympianbahn	Axamer Lizum - Hoadl
Pitztaler Gletscherbahn	St. Leonard - Mittelberg
Reisseckbahn	Kolbnitz - Rosswiese
Schlossalmbahn	Bad Hofgastein - Kitzstein
Seefelder Jochbahn	Seefeld - Rosshüttle
St. Johannbahn	St. Johann - Hochfeld - Angeralm
Vermuntbahn	Partenen - Trominier
Wurzeralmbahn	Spital am Pyhrn - Wurzeralm

Funicular Railways found in Italy

Cabinovia Trapani-Erice Funicular	Trapani - Erice
Frachey-Alpe Ciarcerio Funicular	Valle d'Aosta
Funivia Dell'Etna	Mt. Etna Funicular Railway
Mendola Funicular	S. Antonio - Mendola
Taormina Funicular	Lower Taormina - Upper Taormina

Funicular Railways found in Spain

Funicular de Artxanda	Bilbao
Funicular de Bulnes	Asturias
Funicular de Cabdella	Lleida
Funicular de El Escorial	Madrid
Funicular de Gelida	Barcelona
Funicular de Molinos	Lleida
Funicular del Monte Igueldo	San Sebastián
Funicular de Montjuic	Barcelona
Funicular de La Reineta	Bilbao
Funicular de La Santa Cova	Barcelona
Funicular de La Sant Joan	Barcelona
Funicular del Tibidabo	Barcelona
Funicular de Vallvidrera	Barcelona

Funicular Railways found in Switzerland

Code	Location	Route
BE	Biel	Biel - Evilard
BLM	Lauterbrunnen	Lauterbrunnen - Grütschalp
BM	Biel	Biel - Magglingen
BrB	Linthal	Linthal - Braunwald
BstB	Kehrsiten	Kehrsiten - Bürgenstock
CB	Chantarella	Chantarella - Corviglia
CG	Cassonay	Gare - Ville
Db	Zürich	Zürich Römerhof - Waldhaus Dolder
DBB	Luzern	Luzern - Dietschiberg
DBG	Luzern	Luzern - Gütsch
DIH	Interlaken	Interlaken - Heimwehfluh
DMB	Bern	Märzili - Bundesterrasse
DPB	Davos	Davos - Höhenweg
DPB	Höhenweg	Höhenweg - Weissfluhjoch
DR	Reichenbach	Reichenbach - Fall
DSB	Davos	Davos - Schatzalp
DSS	Schlattli	Schlattli - Stoos
DUI	Unterwasser	Unterwasser - Iltios
EG	Engelberg	Engelberg - Gerschnialp
EGB(SVB)	Bern	Bern Wabern - Gurtenkulm
EP(TN)	Neuchâtel	Ecluse - Plan
FA(ACT)	Lugano	Pz. Luini - Via Maraini
FLMS	Locarno	Locarno - Madonna del Sasso
FMB	Cassarate	Cassarate - Suvigliana
FMB	Suvigliana	Suvigliana - Monte Bré
FuB	Harissenbucht	Harissenbucht - Fürigen
GbB	Giessbach	Giessbach - See
HB	Interlaken	Interlaken - Harder Kulm
HT	Engelberg	Engelberg - Haut Terrasse
LAS	Les Avants	Les Avants - Sonloup
LG	Lausanne	Flon - Gare
LG(ACT)	Lugano	Citta - Stazione
LO	Lausanne	Flon - Ouchy
LS	Lausanne	Vallon - Signal
LSF	Felskinn	Felskinn - Mittelallalin
LTB	Ligerz	Ligerz - Prêles
MMB	Punt Muragl	Punt Muragl - Muottas Muragl
MPF	Moléson	Moléson - Plan Francey
MS	Lugano	Lugano - Pazzallo
MS	Pazzallo	Pazzallo - Mt.San Salvatore
NB	Mülenen	Mülenen - Schwandegg
NB	Schwandegg	Schwandegg - Niesen Kulm
NCh(TN)	La Coudre	La Coudre - Chaumont
NStP(TF)	Fribourg	Neuveville - St. Pierre
RhW	Rheineck	Rheineck - Walzenhausen
RLT	Rodi	Rodi - Lago Tremorgio
RW	Ragaz	Ragaz - Wartenstein
SATEB	Barrage	Barrage - Lac d'Emosson
SbB	Kriens	Kriens - Sonnenberg
SBB	Piotta	Piotta - Piora
SBB	Mira	Mira - Las Rueras
SBB(SATEB)	Le Châtelard	Le Châtelard - Château d'Eau
SMA	Mürren	Mürren - Allmendhubel
SMC	Sierre	Sierre - St. Maurice
SMC	St. Maurice	St. Maurice - Montana Ver
SMtS	St. Imier	St. Imier - Mt. Soleil

Funicular Railways found in Switzerland (cont)

SR(VBZ)	Zürich	Universitätstr - Germaniastr
SSSF	Schwyz	Schwyz - Stoos
StGM(MSG)	St. Gallen	St. Gallen - Mühleck
SthB	Stans	Stans - Kältli
SthB	Kältli	Kältli - Blumatt
SthB	Blumatt	Blumatt - Stanserhorn
StMCh	St. Moritz	St. Moritz - Chantarella
TBB	Beatenbucht	Beatenbucht - B'berg
TG	Territet	Territet - Glion
TLT	St. Luc	St. Luc - Tignousa
TMF	Territet	Territet - Mont Fleuri
TN	Neuchâtel	Gare CFF - Universitaire
TSB	Treib	Treib - Seelisberg
VCP	Vevey	Vevey - Mt. Pèlerin
ZB	Zürich	Limmatquai - Hochschulen
ZBB	Schönegg	Schönegg - Zugerberg
ZSB	Zermatt	Zermatt - Sunnegga

Notes

Notes

Notes

Notes

Notes

Notes

HB Publications Ltd

All our books are A5 laminated Spiral Bound and made up with 90gm paper
Full details of all our Publications can be found at www.hbpub.co.uk

UK Sighting Files

J01 Powered UK Stock	£10.99
J02 Hauled UK Stock	£10.99
J03 Engineer's Stock	£10.99
J04 Combined Volume	£10.99
J08 Internal Users	£6.99
J09 Pre-nat Departmental Stock	£7.99
J10 Dep Coaching Stock	£4.99
J02 2009 Pocket Datafile	£7.99

J11 Preserved Datafiles

J01 Standard Gauge Loco's	£11.99
J02 Wagons	£11.99
J03 Coaching Stock	£11.99
J04 Non-Standard Gauge	£11.99

2010 European Datafiles

IE01 Germany	£11.99
IE02 German PO	£10.99
IE03 France	£12.99
IE04 Benelux	£9.99
IE05 Switzerland	£9.99
IE06 Austria	£6.99
IE07 Iberia	£9.99
IE08 Italy	£9.99
IE09 Scandanavia	£9.99
IE10 Czech & Slovakia	£10.99
IE11 Hungary	£6.99
IE12 Poland	£6.99
IE14 Balkans	£10.99
*IE15 Russia **2007***	*£12.99*
IE16 Preserved Loco's & Units	£10.99

Non-European Datafiles

NE1 Australia & New Zeal. 2009	£7.99
NE2 North Africa 2010	**£4.99**

2011 Tram & Light Rail

IT01 Western Europe	£10.99
IT02 Eastern Europe	£11.99
IT03 Metro Systems	£9.99
IT04 European Trolleybuses -2010	£11.99

Miscellaneous

IM3 Locolog	£7.99
IM4 Traction Engines	£7.99

BR Wagons Numerical History

W01 Vol 1 Directory	£5.99
W02 Vol 2 Engineers' Stock	£6.99
W03 Vol 3 Vans	£10.99
W04 Vol 4 Flat Wagons B5xxxx/B7xxxxx	£7.99
W05 Vol 5 Flat Wagons B9xxxxx	£8.99
W06 Vol 6 Brakes Vans & Pre-Nationalisation Vans	£6.99
W07 Vol 7 Hopper Wagons	£9.99
HW08 Vol 8 Open Wagons (A) (Mineral)	£11.99
HW09 Vol 9 Open Wagons (B) (Mineral)	£11.99
HW10 Vol 10 Open Wagons (Goods)	£8.99
HW11 Vol 11 Track Machines	£4.99
HW12 Vol 12 Private Owner Wagons	£10.99
HW13 Vol 13 BR Box Containers	£10.99
HW14 Vol 14 Air Braked Wagons	£10.99

Foreign Railway Wagons

2011 Editions

W01 Germany Type 0xxx, 1xxx & 2xxx	£11.99
W02 Germany Type 3xxx	£11.99
W03 Germany Type 4xxx	£11.99
W04 Germany Type 5xxx & 6xxx	£11.99
W05 Germany Type 7xxx, 8xxx & 9xxx	£13.99

2010 Editions

W09 Private Operator	£11.00
W10 Scandanavia	£12.00
W11 Belgium	£12.00
W12 Luxembourg & Netherlands	£10.00
W13 France Type 0xxx - 2xxx	£11.00
W14 France Type 3xxx	£12.00
W15 France Type 4xxx & 5xxx	£13.00
W16 France Type 6xxx & 7xxx	£13.00
W17 France Type 8xxx & 9xxx	£12.00
FW18 Spain & Portugal	£12.00
FW19 Hungary	£14.00
FW20 Adriatic, Turkey & Greece	£10.00
FW21 Austria Type 0xxx-4xxx	£11.00
FW22 Austria Type 5xxx-9xxx	£11.00
FW23 Switzerland	£13.00
FW24 Italy Type 0xxx-3xxx	£13.00
FW25 Italy Type 4xxx-9xxx	£13.00
FW26 Czech Republic Types 0xxx-2xxx,8xxx & 9xxx	£13.00
FW27 Czech Republic Types 3xxx, 4xxx & 7xxx	£11.00
FW28 Czech Republic Types 5xxx & 6xxx	£13.00
FW29 Slovakia Types 0xxx-4xxx	£11.00
FW30 Slovakia Types 5xxx-9xxx	£11.00
FW31 Poland Types 0xxx-4xxx	£13.00
FW32 Poland Type 5xxx	£13.00
FW33 Poland Type 6xxx, 7xxx & 9xxx	£11.00
FW34 Bulgaria & Romania	£12.00

Road Haulage 2010

RH01 Fleets A to C	£13.00
RH02 DHL Fleet	£13.00
RH03 Fleets D to G	£12.00
RH04 Fleets H to L	£12.00
RH05 Fleets M to O	£12.00
RH06 Fleets P to R	£13.00
RH07 Fleets S	£12.00
RH08 Fleets T to Z	£12.00
RH09 European Fleets	£14.00
RH10 Road Haulage Register	£13.00

HB Publications

Code	Title	Price	Code	Title	Price
HB1	South West of England 2010	£12.00	HB11	Ireland 2010	£13.0
HB2	South East of England 2010	£12.00	HB12	National Express 2009	£11.0
HB3	London 2010	£14.00	HB13	Preserved Buses 2010	£14.0
HB4	Central England 2010	£11.00	HB14	UK Regional Registration List 2010	£14.0
HB5	Eastern Counties 2010	£12.00	HB17	Hong Kong & Singapore	£14.0
HB6	East Midlands 2010	£10.00	HB21	Budget Stagecoach Fleet 2010	£7.0
HB7	North East of England & Yorkshire 2010	£14.00	HB22	Budget First Fleet 2010	£8.0
HB8	North West of England 2010	£13.00	HB23	Budget Arriva Fleet 2010	£7.0
HB9	Wales 2010	£11.00	HB24	Budget Municipal & Other Major Fleets 2010	£7.0
HB10	Scotland 2010	£14.00	HB31	North of England Bus Garages & Stations	£5.0

Name _____

Address _____

_____

_____

All orders are post free from
HB Publications Ltd, 3 Ingham Grove, Hartlepool TS25 2LH
24 Hour Sales Line 01429 293611 or Order on line at http://hbpub.co.uk

Code	Desciption	Quantity	Cost

Payment Details - Credit / Debit Card or Cheque payable to **HB Publications Ltd**

Sub-Total	
Discount	
Total	

Credit / Debit Card Number

Expiry Date   CV2 No   Valid from date   Issue No

———Maestro Cards Only———

Signature………………………………………………………..